山东女子学院优秀学术著作出版基金资助

黄淮海粮食主产区
农户生产经营行为研究

———— 王珺鑫 著 ————

Huanghuaihai Liangshi Zhuchanqu
Nonghu Shengchan Jingying Xingwei Yanjiu

中国社会科学出版社

图书在版编目（CIP）数据

黄淮海粮食主产区农户生产经营行为研究/王珺鑫著 . —北京：中国社会
科学出版社，2018.8

ISBN 978 – 7 – 5203 – 1494 – 7

Ⅰ. ①黄… Ⅱ. ①王… Ⅲ. ①黄淮海平原—粮食—生产—研究
Ⅳ. ①F326.11

中国版本图书馆 CIP 数据核字（2017）第 280157 号

出 版 人	赵剑英	
责任编辑	刘 艳	
责任校对	陈 晨	
责任印制	戴 宽	

出　　版	中国社会科学出版社	
社　　址	北京鼓楼西大街甲 158 号	
邮　　编	100720	
网　　址	http://www.csspw.cn	
发 行 部	010 – 84083685	
门 市 部	010 – 84029450	
经　　销	新华书店及其他书店	

印　　刷	北京明恒达印务有限公司
装　　订	廊坊市广阳区广增装订厂
版　　次	2018 年 8 月第 1 版
印　　次	2018 年 8 月第 1 次印刷

开　　本	710 × 1000　1/16
印　　张	11.5
插　　页	2
字　　数	180 千字
定　　价	48.00 元

凡购买中国社会科学出版社图书，如有质量问题请与本社营销中心联系调换
电话:010 – 84083683

内容简介

我国有黑龙江、吉林、辽宁、内蒙古、河北、河南、山东、江苏、安徽、江西、湖南、湖北、四川 13 个粮食主产省区，这 13 个粮食主产省区又划分为东北粮食主产区、黄淮海粮食主产区和长江中下游粮食主产区三大区域。黄淮海粮食主产区一直是我国最为重要的粮食主产区，2013 年黄淮海粮食主产区的粮食总产量为 2.03 亿吨，占三大粮食主产区和全国粮食总产量的比重分别达44.38%、33.74%。作为传统的农业地区，长期以来，黄淮海粮食主产区在生产经营过程中产生了诸多问题，面临的约束越来越强，而农户作为农业生产过程中的第一执行者和第一受益者，其生产经营行为直接影响农业生产的结果，尤其值得深入研究。本书在借鉴相关研究成果基础上，根据农户行为理论、农产品供求均衡理论、行为经济学等相关理论，运用问卷调查、定性分析、定量分析等多种研究方法，对黄淮海粮食主产区农户的土地经营、粮食生产投入、技术选择等主要生产经营行为进行了较为系统而全面的理论与实证研究，以揭示农户生产经营行为的特征、结果及影响因素，这不仅对深化认知我国农户生产经营行为具有重要意义，而且对引导和促进黄淮海粮食主产区农户生产经营向着合理方向转型具有重要的参考价值。

目　　录

第一章 导论

第一节 研究背景及意义

农业是国民经济的基础性产业，农业生产为市场提供各种农产品，农产品市场的丰裕程度是衡量一个国家或地区是否繁荣的基本标志。中华人民共和国成立以来，我国农业生产取得了巨大成就，为国家的工业化和现代化建设积累了巨额资本。然而，随着经济社会的不断发展，消费者对农产品的消费需求日益多样化、复杂化、个性化，国内外农产品市场竞争日益激烈，农业生产面临着复杂的形势和艰巨的挑战。面对农产品需求的不断变化，我国开始推进农业供给侧结构性改革，逐步转变农业发展方式，调整农业生产结构，以期从单一地依靠投入大量资源来保证农业增长转化为主要依靠科技进步、提高资源使用效率来保证农业的持续健康发展。

据第六次全国人口普查数据显示，截至 2010 年，我国农村人口共有 6.74 亿人，其中 2 亿农户是农业的主要生产者。要实现农业发展方式的转变，这 2 亿农户既是"主力军"，又是"排头兵"。在我国当前推进农业供给侧结构性改革的背景下，转变农业发展方式，提高农作物产量和品质既需要保证资本、技术等生产要素的持续稳定投入，又需要合理优化农业生产经营行为，提高农业资源的使用效率。我国有 13 个粮食主产省区，分别是黑龙江、吉林、辽宁、内蒙古、河北、河南、山东、江苏、安徽、江西、湖南、湖北、四川，这 13 个粮食主产省区又划分为东北粮食主产区、黄淮海粮食主产区和长江中下游粮食主产区三大区域。根据国家粮食局 2013 年统计数据显示，中国 13 个粮食主产区的粮食播种面积为 80232.2 千公顷，占全国总播种面积的 71.7%，粮食产量为 4.58 亿吨，占全国总产量的 76.02%。其中，黄淮海区域的粮食总产量为 2.03 亿吨，占粮食主产区粮食总产量的 44.38%，占全国粮食总产量的 33.74%。根据 2012 年《中国统计年鉴》的相关数据显示，黄淮海地区 2011年的农民平均收入为 7820.6 元，较全国平均水平 6977.29 元高843.31 元。从粮食产量和农民收入两个角度考量，黄淮海区域的农业生产水平较高，农民生活水平较高。但是，这一区域作为传统的农业发展地区，在发展过程中也产生了农业生产投入要素产出效率较低、农村青壮年劳动力减少、农村生产环境受到污染等诸多现实问题，而作为农业生产的第一执行者和第一受益者，农户的生产经营行为值得进行深入探究。

在相当长的一段时期内，我国仍然是一个典型的农业国家。我国的农业生产发展始终面临着人均耕地少、耕地质量低、耕地后备资源有限的基本状况，我国的农产品供求关系长期处于供求相当、稍有余量的状态，农产品数量安全不容乐观的形势并没有发生实质性转变。长期以来，由于农业自身的弱质特性，农业的比较效益明显低于第二、三产业，而粮食生产的比较效益又低于其他农产品生产的比较效益。作为农户，尤其是粮食生产农户，整体的经营性收入增长十分缓慢，致使粮农缺乏生产的动力。虽然国家实施了一系列强农惠农政策，特别是多年来农业补贴政策的实施，一定程度上提高了农户生产的积极性，促进了农业发展，但并没有从根本上实现粮食生产农户的效益最大化。事实上，仅靠国家的政策引导和支持，并不能够完全激发农户对于农业生产经营特别是粮食生产经营的热情，更需要站在农户自身的微观角度，探究农业生产各种经营行为的特征、行为结果以及对行为产生影响的诸多因素，从而把握粮食主产区农户经营行为决策特点与行为结果，为国家制定下一步农业发展政策提供更有针对性的参考借鉴。在当前我国深入推进农业供给侧结构性改革和粮食总产量连增面临诸多不确定因素的背景之下，对粮食主产区农户的生产经营行为进行较为深入而系统的研究，具有重要的现实意义。基于此，本书以黄淮海粮食主产区为研究范围，以农户生产经营行为为研究对象，在借鉴相关既有的研究成果基础上，依据农户行为理论、农产品供求均衡理论、行为经济学等相关理论，运用问卷调查、定性分析、定量分析等多种研究方法，对黄淮海粮食主产区农户的土地经营、粮食生产投入、技术选择等主要生产经营行为进行较为系统而全面的理论与实证研究，以揭示农户生产经营行为的特征、结果及影响因素，这不仅对深化认知我国农户生产经营行为具有重要意义，而且对引导和促进黄淮海粮食主产区农户生产经营向着合理方向转型具有重要的现实意义。

第二节　国内外研究文献综述

农户模型是指将农户的生产决策、消费行为、劳动力调配等与生活息息相关的各种决策行为有机结合在一起的一种微观经济模型，主要用来描述农户内部各种关系。[①] 基于本书的研究对象与研究内容，对国外相关研究将从国外经典研究模型和现有研究的进一步扩展两个方面进行综述。对国内相关研究的综述将从中国农户及其行为的理论研究、实证研究等方面进行综述。

一　国外文献研究综述

农户模型起源于 20 世纪 20 年代俄国农业经济学家恰亚诺夫（Chayanov）的小农模型[②]，并在 20 世纪 60 年代以后得到了较大发展。随着农户行为理论研究的深入，国外许多学者把农户模型广泛应用于分析农户行为在经济、市场、政策、社会等因素变化下的不同反应，其应用范围微观层次不断向宏观层次拓展。

（一）关于农户经典模型研究

贝克尔（Bacher，1965）在恰亚诺夫的小农模型理论基础上创建了新农户经济学模型。贝克尔模型探讨了农户的生产决策、消费决策、劳动力供给决策三者之间的关系。模型的前提假设条件是：

---

　　① 李强、张林秀：《农户模型方法在实证分析中的运用——以中国加入 WTO 后对农户的生产和消费行为影响分析为例》，《南京农业大学学报》（社会科学版）2007 年第 1 期。

　　② ［俄］恰亚诺夫：《农民经济组织》，萧正洪译，中央编译出版社 1996 年版。

家庭是基本的经济单位，农户从事农业生产的目的是追求自身利益最大化；贝克尔模型的核心是，将家庭成员的所有时间单元都根据市场工资给予机会成本式的估价，包括家务时间、工作时间、休闲时间，家庭像企业一样根据成本最小化原则组织生产劳动，根据效用最大化原则进行消费行为决策。该模型中农户通过对家庭时间、购买商品（X – goods）与生计性消费品（Z – goods）的组合消费，实现家庭效用最大化，并且农户行为决策具有所谓的可分性或迭代性，即农户的生产决策与消费决策是分开的，首先是决策生产最优化的问题，其次是决策消费最优化的问题。[①]日本经济学家中岛（Nakajima，1969）发展了贝克尔的农户模型理论，并将其应用范围扩大，认为农户是农业企业、劳动力户和消费户的结合体，效用最大化是农户行为的准则。[②]

巴纳姆和斯奎尔（Barnum and Lyn Squire，1979）的农户模型是一个包含生产者与消费者的完整系统的模型，这个模型中的农户既是生产者又是消费者。这个农户模型加入了 Z 商品（农户生产的消费品），并修改了恰亚诺夫小农模型中的不存在劳动力市场的假定。[③]巴纳姆和斯奎尔（1979）利用马来西亚的莫打河（Muda）周边的207 户农户横截面数据，对政策与农户行为之间的影响关系进行分析，研究指出，政策的变化对农户的农产品价格、劳动工资率以及家庭劳动力规模等影响显著。[④] 辛格、斯奎尔和斯特劳斯（Singh、Squire and Strauss，1986）采用完整的农户模型（即农户模型中包括利润效应）对农户经济行为进行分析，他们采用二次支出系统（quadratic expenditure system），从产出供给和投入需求方面分别利用（constant elasticity of transformation）和 Cobb – Douglas 生产函数等实证方法对农户模

① Becker G. S. , "A. Theory of the Allocation of Time," *Economic Journal*, 1965, 75（299）: pp. 493 – 517.

② Nakajima C. , "Subjective Equilibrium Theory of the Farm Household," *Agricultural Economics*, 1986, 1（1）: pp. 87 – 89.

③ Barnum H. N. , Squire L. , "An econometric application of the theory of the farm – household," *Journal of Development Economics*, 1979, 6（1）: pp. 79 – 102.

④ Barnum H. N. , Squire L. , *A model of an agricultural household*: *theory and evidence*, Baltimore and London: The Johns Hopkins University Press, 1979.

型进行检验估计，得出农产品、非农产品和劳动力对价格和工资率的弹性，发展了该模型，使得模型的应用范围进一步扩大。[①]

（二）关于农户模型的拓展研究

皮特和罗森茨魏希（Pit and Rosenzweig，1985）在农户模型分析中，引入了价格、健康和农户利润关系函数——健康生产函数。[②] 阿塔娜·萨哈等（Atana Saha et al. ，1994）研究了农户采纳新技术与农户户主教育程度的关系。[③]

以上有关农户模型都认为生产和消费决策是可分的（separability），但随着农户模型应用的深入，很多学者认为生产和消费决策是不可分的。伊克巴尔（Iqbal，1986）在农户决策系统中引入了借贷、储蓄和投资等变量后，将农户模型扩展成包含两个生产周期的系统，进而将农户模型由静态模型转变为动态模型。同时，他将生产和消费综合起来考虑，一方面生产决策影响消费决策，另一方面消费决策也将影响生产决策，因此他发展的农户模型是不可分的。他利用印度农户的横截面数据，运用农户家庭模型分析了农户的借贷和储蓄行为，结果表明农户生产决策行为影响消费决策行为，反过来农户的消费决策行为又会影响生产决策行为。[④] 奈杰尔等（Nige et al. ，2000）在研究中发现交易成本对农户商品和劳动的供给行为变化有重要影响作用，在市场中商品的不同程度竞争使农户承担不同的交易成本，会直接影响到农户生产经营行为的决策。[⑤] 此外，还有许多学者进一步从不同角度对农户模型进行了发展（Janvry et al. ，1991；Browning and

---

[①] Singh I. ，Squire L. ，"Strauss J. Agricultural Household Models：Extensions，Applications，Policy，" *American Journal of Agricultural Economics*，1986，69（2）．

[②] Pitt M. M. ，"Rosenzweig M. R. Health and Nutrient Consumption Across and Within Farm Households，" *Review of Economics & Statistics*，1985，67（2）：pp. 212 – 223．

[③] Atana Saha，H. Alan Love，Robeit Schwar，"Adoption of emerging technologies under output uncertainty，" *American Journal of Agricultural Economics*，1994（76）：pp. 836 – 848．

[④] Iqbal Farrukh，"The determinants of moneylender interest rates：Evidence from rural India，" *Journal of Development Studies*，1986（3）：pp. 364 – 378．

[⑤] Key N. ，Sadoulet E，Janvry A. D. ，"Transactions Costs and Agricultural Household Supply Response，" *American Journal of Agricultural Economics*，2000，82（2）：pp. 245 – 259．

Chiappori，1998；Taylor，2003）[1][2][3]。

二　国内文献研究综述

（一）关于农户及其行为的理论研究

国内关于农户的理论研究起步较早。最早可追溯到 1947 年，费孝通以"乡土中国"来认知农村的性质，认为"乡土社会的生活是富于地方性的"，并又于 1985 年在《乡土中国》一书中指出："乡土社会在地方性的限制下成了生于斯、死于斯的社会。常态的生活是终老还乡。"[4] 黄宗智（1986）把中华人民共和国成立前的小农户称为家庭农场。[5] 卢迈、戴小京（1987）研究认为，在我国农村经济改革的过程中，农户的倾向、农户的选择是十分关键的因素，边缘冒险、兼业化和非经营化就业等是新形势下我国农户追求收入增长与稳定双重目标下的主要行为特点。[6] 林毅夫（1988）认为，我国农户的生产主要是为了满足自身的消费需求，其经济行为不同于"纯粹的生产者"和"纯粹的消费者"，农户或小农的行为是理性的，但这种理性行为在相当程度上受到自身的认识能力的限制，他号召研究者们研究分析到底是哪些外部条件使小农做出这种不同于现代企业行为的抉择，呼吁要真正改变农民的行为和提高农民的生活水平，就必须改变限制农民选择范围的外部条件，如建立市场制度、明确产权划分等。[7] 韩俊（1988）在讨论兼业化对农户农业生产行为影响时指出，兼业的方式和程度不同，对农户行为选择方式和影响程度也会存在差异。[8]

进入 20 世纪 90 年代之后，关于农户经济行为的研究成果逐渐增

---

①　Janvry A. D.，Fafchamps M.，Sadoulet E.，"Peasant Household Behaviour with Missing Markets: Some Paradoxes Explained," *Economic Journal*，1991，101（409）：pp. 1400 – 1417.

②　Browning M.，Chiappori P.，"Efficient intrad – household allocations: A general characterizatoin and empirical tests," *Econometrica*，1998，66（6）：pp. 1241 – 1278.

③　Taylor J. E.，Adelman I.，"Agricultural Household Models: Genesis，Evolution，and Extensions," *Review of Economics of the Household*，2003，1（1 – 2）：pp. 33 – 58.

④　费孝通：《乡土中国》，上海三联书店 1985 年版。

⑤　黄宗智：《华北的小农经济与社会变迁》，中华书局 1986 年版。

⑥　卢迈、戴小京：《现阶段农户经济行为浅析》，《经济研究》1987 年第 7 期。

⑦　林毅夫：《小农与经济理性》，《农村经济与社会》1988 年第 3 期。

⑧　韩俊：《我国农户兼业化问题探析》，《经济研究》1988 年第 4 期。

多。宋洪远（1994）从经济体制改革的角度研究农户生产经营行为的变化，认为现阶段的农户经济行为目标具有明显的二重性特征（寻求收入增长、保持收入稳定），未来的农户经济行为目标具有追求收入最大化的趋向，农户在生产经营目标的选择上表现出明显的兼业化倾向。作为一个经济行为主体，农户的经济行为目标能否实现，取决于农户的决策选择和实施过程。同时，宋在研究中指出，决定农户行为的基本因素为利益、决策和选择的权利、信息，并从理论和实证分析角度说明，农村经济体制结构是影响农户经济行为的根源。[①] 韩耀（1995）指出农民家庭即农户，农户是一种生活和生产组织，农户行为不仅仅是个体的消费行为，还是有组织的群体生产行为，并认为价格、税收、生产成本、机会成本和经营方式等经济因素通过激发农民经济动机而影响农户行为，而政治环境、文化及传统、户籍制度等非经济因素通过激发农民的安全与稳定、身份与地位等非经济动机来影响农户的生产行为。[②] 陈春生（1996）基于历史视角讨论了农户的演变与分类问题，并认为农业劳动生产率的提高、农业产业结构与农村就业结构的多元化、城市化进程对农村人口的吸纳以及其他因素，从不同角度、不同层面冲击着传统农户，使其出现了多元化分化的格局。他将现有农户分为处于分化过程两极的传统农户和非农农户、处于分化中间阶段的专业种植与养殖户、经营与服务性农户、半工半农型农户等五种类型。[③] 伍晶（1997）分析了农户生产行为的一般特征，包括理性与非理性并存、自给性生产与商品性生产并存、经济目标与非经济目标并存、纯农业户与兼业农业户并存、行为的一致性与多样性并存等，并指出农户的生产行为受农产品价格、生产成本、资源的稀缺性等因素影响。[④] 张启明（1997）研究得出，农户生产与消费决策在根本上由生产的农产品能否得到社会平均利润或预期利润决定，而农业宏观政策的中心目标是激发农业生产者积极性，确保其可

---

① 宋洪远：《经济体制与农户行为——一个理论分析框架及其对中国农户问题的应用研究》，《经济研究》1994 年第 8 期。

② 韩耀：《中国农户生产行为研究》，《经济纵横》1995 年第 5 期。

③ 陈春生：《中国农户的演化逻辑与分类》，《农业经济问题》2007 年第 11 期。

④ 伍晶：《农户生产行为浅析》，《南方农村》1997 年第 4 期。

以得到社会平均利润。① 诸培新、曲福田（1997）从农户土地投入的时间长短的角度探讨了不同土地投入类型对农户投入行为的影响。②

进入 21 世纪之后，关于农户经济行为的相关理论研究更加广泛深入。郑风田（2000）在整理舒尔茨和恰亚诺夫等小农理论的基础上，结合赫伯特·西蒙（Herbert A. Simon）"有限理性"学说和制度经济学派的制度变迁理论，提出了其关于中国农民经济行为的"制度理性假说"，认为"中国农民的经济行为主要受制于制度因素，适宜的制度导致农民的理性供给行为，制度悖论或不适宜制度导致农民的非理性行为发生"。③ 韩喜平（2001）对我国农户经济行为理性与非理性的纷争进行了总结，并指出这种争议随着认识深入在不断继续。④ 宋圭武（2002）对农户经济行为研究的各个学派和方法进行了归纳，并认为农户人口再生产投资最终取决于农户的"效用最大化"。⑤ 池泽新（2003）侧重于从农户作为生产者的角度分析影响农户行为的各个因素，并认为农户的供给行为表现出受价格机制调节、受非价格因素影响、受利益目标约束等与一般生产者不同的特点。⑥ 邓大才（2006）依据小农行为与动机，将小农理论划分为生存小农、弱势小农、效用小农、理性小农四大学派，并认为这四大小农理论无法解释我国农村改革后社会化程度较高的农户的动机和行为。⑦ 徐勇、邓大才（2006）认为，中国农村和农民处于一个高度开放、社会化程度高而经营规模较小的"社会化小农"时期并且这种状况将长期存在，社会化小农有其独立性和特殊性，只有把农民和农民就业作为重点，

---

① 张启明：《农户行为分析与农业宏观调控政策》，《中国农村经济》1997 年第 6 期。
② 诸培新、曲福田：《农户经济行为、土地投入类型及土地持续利用》，《中国农业资源与区划》1999 年第 5 期。
③ 郑风田：《制度变迁与中国农民经济行为》，中国农业出版社 2000 年版。
④ 韩喜平：《关于中国农民经济理性的纷争》，《吉林大学社会科学学报》2001 年第 3 期。
⑤ 宋圭武：《农户行为研究若干问题述评》，《农业技术经济》2002 年第 4 期。
⑥ 池泽新：《农户行为的影响因素、基本特点与制度启示》，《农业现代化研究》2003 年第 5 期。
⑦ 邓大才：《社会化小农：动机与行为》，《华中师范大学学报》（人文社会科学版）2006 年第 3 期。

才能理解社会化小农的行为和动机。[①] 王勇、骆世明（2007）分析了农户的接受意愿、决策及投入行为、经营模式等对现代农业发展及农业政策产生的影响。[②] 郑丽、霍学喜（2007）对粮食主产区的农户粮食生产投入决策行为进行了理论分析，认为农户在确定生产要素的投入方向和结构时，要综合评价粮食产业和其他农业及非农产业的收益和风险，农户在进行粮食投入决策时是分类考虑，进行不同的收益和风险评估决策。[③] 毕继业、朱道林和王秀芬（2010）综述了耕地保护中的农民行为研究成果，从耕地与农户之间的关系、影响农户耕地保护行为的因素、影响因素驱动下的农户行为结果和激励农户耕地保护行为的方式方法等方面进行归纳与分析，并认为制定科学合理的耕地保护政策，需要认真考虑追求利益最大化的农户及其行为。[④]

（二）关于农户经济行为的实证研究

国内学者从 20 世纪 80 年代后期开始运用实地调查、行为模型等方法对农户行为进行实证性研究并取得不少研究成果。

1. 一般农户生产经营行为及其绩效研究

自我国农村实行家庭联产承包责任制以来，千万个农村家庭构成了农村微观经济的基础，他们既是农产品的生产者，又是农产品的消费者。农业生产者的生产经营行为主导了农村经济的走向、农业生产的发展速度和农村整体的经济结构，因此农业生产者的生产经营行为、生产经营行为所产生的绩效，以及哪些因素影响了农业生产者生产经营行为成了农业经济学界持续保持热度的研究重点。

卢迈、戴小京（1987）较早对改革开放后的浙江省 8 个县的 649 个农户进行了调查，通过对农户经济行为进行分析，认为农户作为独立的经济实体，在面对市场风险的时候，农户采取了"稳一块""活

---

① 徐勇、邓大才：《社会化小农：解释当今农户的一种视角》，《学术月刊》2006 年第 7 期。

② 王勇、骆世明：《现代农业发展中的农户行为研究》，《广东农业科学》2007 年第 12 期。

③ 郑丽、霍学喜：《粮食主产区农户粮食生产投入决策行为分析》，《西北农林科技大学学报》（社会科学版）2007 年第 6 期。

④ 毕继业、朱道林、王秀芬：《耕地保护中农户行为国内研究综述》，《中国土地科学》2010 年第 11 期。

一块"的经营策略,其决策目标具有稳定收入和增长收入的两重性质,并且在农户决策目标二重性下,农户生产性投资减少、专业化程度低、经济行为选择引起了市场的波动。[①] Albert Park、任常青(1995)建立了一个在面临价格风险和生产风险的条件下既生产又消费的农户生产决策模型,研究结果表明:农户的消费考虑在生产决策中具有重要作用。[②] 柯炳生(1997)从农户的储粮动机角度,着重分析了农户储粮行为的影响因素和对粮食市场波动的影响。[③] 傅晨、狄瑞珍(2000)从农户行为的角度出发,构建一个贫困农户行为模型,利用该模型分析得出的结论是,在扶贫过程中,贫困农户的"败德行为"是一种理性行为,因此中国的扶贫宜采取间接式的,诸如以工代赈的方式。[④]

随着学者们对农户经济理论研究的深入,不再单纯研究农户行为动机及方式,开始对农户行为选择的绩效问题重视起来。鲁柏祥等(2000)利用浙江省100个农户调查数据对农户农药施用效率进行分析,结果表明,激励结构直接决定农户用药的行为选择,缺乏有效的激励结构是导致农户施用农药效率低下的根本原因。[⑤] 李小建(2002)以量化的农户行为影响模型分析得出,农户在满足基本需求后,生产的产品部分面向市场,其利润主要取决于产品价格和生产成本,而价格信息和销售市场信息对利润状况具有重要影响。[⑥] 刘承芳等(2002)采用 Heckman 两阶段模型和 Tobit 模型对农户的生产性投资行为的决定因素进行了分析,并得出农户的非农就业比例、借贷的可获得性、土地规模、房屋资产等是影响农户农业生产性投资行为的主要因素。[⑦] 胡豹等(2005)认为农户决策行为是诱发农业结构调整

① 卢迈、戴小京:《现阶段农户经济行为浅析》,《经济研究》,1987 年第 7 期。

② Albert Park、任常青:《自给自足和风险状态下的农户生产决策模型——中国贫困地区的实证研究》,《农业技术经济》1995 年第 5 期。

③ 柯炳生:《中国农户粮食储备及其对市场的影响》,《中国软科学》1997 年第 5 期。

④ 傅晨、狄瑞珍:《贫困农户行为研究》,《中国农村观察》2000 年第 2 期。

⑤ 鲁柏祥、蒋文华、史清华:《浙江农户农药施用效率的调查与分析》,《中国农村观察》2000 年第 5 期。

⑥ 李小建:《欠发达农区经济发展中的农户行为——以豫西山地丘陵区为例》,《地理学报》2002 年第 4 期。

⑦ 刘承芳、张林秀、樊胜根:《农户农业生产性投资影响因素研究——对江苏省六个县市的实证分析》,《中国农村观察》2002 年第 4 期。

的微观基础，实地调查后建立农户结构调整决策行为实证模型，并运用 Logit 模型方法对影响农户结构调整决策行为及意愿的主要因素进行了实证研究。结果表明，由于区域经济发展的不平衡，不同地区农户的结构调整意愿是不同的，且影响他们结构调整意愿的主要因素也存在差别。家庭年龄结构、平均受教育程度、从事非农活动的收入、时间和工作性质是影响当地农户进行结构调整的主要因素。[①] 曹建华等（2007）、刘涛等（2008）分别利用不同的调查数据，实证分析了农户农地规模经营的效率决定因素、影响农地流转及效率提高的因素、定量评价农地规模经营产生的经济效益，学者们一致认为，土地适当规模经营能够提高土地利用效率。[②][③]

2. 不同土地经营规模农户行为的对比研究

随着农村改革进一步深化，农村经济得到了极大的发展，在农村形成了不同经营规模的农户，他们在行为选择及效率上的差异越来越受到学者们的关注。李岳云等（1999）从不同经营规模的角度，以江苏省为例，运用 1998 年的问卷调查资料，对农户的经营行为进行了研究。得出研究结论：农户经营规模过小会导致商品粮生产效率的损失，而且市场应变能力弱，非理性成分高，放大了农产品供给的蛛网效应，同时由于缺乏投入资金，不利于农业技术的推广和创新。[④] 陈欣欣等（2000）、张忠根和史清华（2001）对不同土地经营规模的效益做了详细比较分析，认为随着农户经营农地规模的扩大，农户分布呈典型的倒"U"形，而农地收入水平以及资源利用效率则呈"U"形或下降趋势，农户家庭主要经济资源利用效率最高的是经营规模在 1—3 亩的农户，其次是规模超过 10 亩的农户，3—5 亩和 5—10 亩的

---

① 胡豹、卫新、王美青：《影响农户农业结构调整决策行为的因素分析——基于浙江省农户的实证》，《中国农业大学学报》（社会科学版）2005 年第 2 期。

② 曹建华：《农村土地流转的供求意愿及其流转效率的评价研究》，《中国土地科学》2007 年第 5 期。

③ 刘涛：《土地细碎化、土地流转对农户土地利用效率的影响》，《资源科学》2008 年第 10 期。

④ 李岳云、蓝海涛、方晓军：《不同经营规模农户经营行为的研究》，《中国农村观察》1999 年第 4 期。

农户家庭资源利用效率是最差的。①② 张忠明、钱文荣（2008）以长江中下游区域 307 个种粮农户实地调查数据为基础，实证分析了不同土地规模下的农户生产用工行为、投资行为、技术采用行为、土地流转行为之间的差异。③ 屈小博（2008）以陕西省苹果主产区果农为分析对象，对不同经营规模农户生产、销售、消费、流通等主要市场行为特征及影响因素进行了深入研究，得出的主要结论：在充分体现农户市场经营行为特征中，不同生产经营规模农户的生产技术效率与技术选择行为、风险认知与规避行为、农产品销售行为等方面存在着显著差异。由于组织制度、市场环境和农村经济发展现状等因素的影响，不同经营规模农户在消费行为市场化需求、流通市场中介组织对农户参与市场行为的影响等方面没有显著差异。④ 王建军等（2012）以长江中下游 4 省的调查数据为基础，对不同土地规模农户的经营行为进行的实证分析表明，不同土地规模农户在劳动力配置、水稻种植模式选择和水稻生产技术采用上具有明显的差异性，小规模农户的水稻单产高于大规模农户，但大规模农户的水稻生产的亩均经济效益要高于小规模农户。⑤

3. 粮食主产区农户经济行为研究

我国粮食主产区的粮食种植具有很大的比较优势，农户的经济行为选择又决定着土地经营的效率，粮食主产区农户经济行为研究意义重大。钱贵霞、李宁辉（2004）基于统计资料和实地调查，运用农户土地经营规模决策模型和农户劳动力转移模型，对粮食主产区 10 个省农户的最优土地经营规模和户均劳动力数量进行了估计，经过模

---

①　陈欣欣、史清华、蒋伟峰：《不同经营规模农地效益的比较及其演变趋势分析》，《农业经济问题》2000 年第 12 期。

②　张忠根、史清华：《农地生产率变化及不同规模农户农地生产率比较研究》，《中国农村经济》2001 年第 1 期。

③　张忠明、钱文荣：《不同土地规模下的农户生产行为分析》，《四川大学学报》（哲学社会科学版）2008 年第 1 期。

④　屈小博：《不同经营规模农户市场行为研究——基于陕西省果农的理论与实证》，博士学位论文，西北农林科技大学，2008 年。

⑤　王建军、陈培勇、陈风波：《不同土地规模农户经营行为及其经济效益的比较研究——以长江流域稻农调查数据为例》，《调研世界》2012 年第 5 期。

型测算得到粮食主产区农户户均经营的最优的土地面积是 67.81 亩，比现有的户均土地面积多出 57.1 亩，就粮食主产区平均而言，户均最优的劳动力数量为 0.49 人，需转移出 2.34 人，说明粮食主产区各个省目前的土地经营规模远没有达到最优状态，需要进行调整，大量的农业劳动力需要转向非农业领域。① 钱贵霞、李宁辉（2005）根据粮食主产区 10 个省 3000 个农户数据，对不同经营规模的农地的效益进行了分析，目前粮食主产区农户的收入中耕地面积的贡献最大，其次是物质投入，农户耕地在 10 亩以上，其报酬是递增的。② 周曙东（2008）利用江西省 591 个种粮大户调查数据，运用 Tobit 模型对影响农户参与订单销售行为的因素进行了计量分析，结果表明，年龄越大、受教育水平越高、家庭人口数越多、种植规模越大的农户越倾向于选择订单销售，家庭劳动人数多、经营年数长、价格感知效应好的农户参与订单销售的意愿不强，有借款的农户倾向于选择订单销售。③ 周波（2008）基于江西省 1450 户种粮大户调查数据，实证分析发现种粮大户种粮效益与粮食经营规模、机收面积和家庭人数呈正相关关系，而与种粮农户文化水平、性别、年龄等因素相关性不强。④ 李奇峰等（2008）采用参与性农户评估方法（PRA）对东北粮食主产区榆树县 245 户农户进行了分层随机抽样调查，从农业新技术的接受途径，农户主要的技术需求以及影响农户接受新技术的因素等方面进行了分析。⑤ 张建杰（2008）基于粮食主产区河南省的农户调查数据研究得出，农户从事粮食生产行为的主要动机来源于满足自身的需求和增加现金收入，随着粮食生产规模的扩大，农户用于满足自身需求的行为动机在不断减弱，而出于增加现金收入的行为动机增强；规模较

① 钱贵霞、李宁辉：《粮食主产区农户最优生产经营规模分析》，《统计研究》2004 年第 10 期。
② 钱贵霞、李宁辉：《不同粮食生产经营规模农户效益分析》，《农业技术经济》2005 年第 4 期。
③ 周曙东：《种稻大户订单售粮行为的影响因素分析》，《农业技术经济》2008 年第 5 期。
④ 周波：《种粮大户粮食生产效益的非价格影响因子分析》，《中国农业资源与区划》2008 年第 4 期。
⑤ 李奇峰、张海林、刘武仁等：《粮食主产区农户采用农业新技术及其影响因素的实证分析——以吉林省榆树县为例》，《中国农业科学》2008 年第 7 期。

小的粮食生产经营农户具有动态缩小粮食播种面积的倾向，而规模较大的粮食生产经营农户的这一行为倾向正好相反；规模较大的粮食生产经营农户的规模化经营收益更易获得，进而具有较强的内在动力从事粮食生产经营；在目前的国家粮食政策下，政策对农户的生产经营的激励作用还较为有限。① 刘克春（2010）根据对江西省农户的调查，对当前国家粮食生产补贴政策下农户粮食种植决策行为进行了实证分析，得出的结论为：农户粮食生产收入预期是决定农户粮食种植决策行为的中介变量；政府实行的粮食直接补贴、最低收购价政策，调节了以粮食生产为主要收入来源的农户的粮食种植决策行为，提高了其粮食生产积极性，一定程度上促进了粮食种植面积的扩大；而农业生产资料价格负向地调节了农户的粮食种植决策行为。② 何京蓉等（2011）基于三峡库区 427 个样本农户的调查数据，分析了目前农户转入土地的行为特征，通过建立 Logistic 模型对农户转入土地行为的影响因素进行了甄别，并对农户转入土地行为的主观解释进行了分析。研究表明，农户自身及家庭特征、土地资源特征、环境因素和政策因素对农户转入土地行为均有一定程度的影响。其中，非农收入所占比重、耕地面积和地理条件是影响农户是否转入土地的主要因素。③ 马彦丽、施轶坤（2012）利用来自 13 个农业合作社空间覆盖范围内340 个农户的调查数据，使用因子分析和逻辑回归方法分析影响农户加入合作社的意愿和行为的因素，并特别关注农户入社意愿到入社行为的转化。分析结果表明，受教育程度低且兼业特征明显的弱势农户更愿意加入合作社；然而，农户入社行为并不完全基于其对合作社的需求意愿，更多地受到其他因素（如外部环境）的影响；真正入社的农户年龄集中在 50 岁左右；农户对"紧密型"合作社表现出明显偏好但并无选择余地；加强合作社知识宣传对农户的入社意愿和行为

---

① 张建杰：《粮食主产区农户粮作经营行为及其政策效应——基于河南省农户的调查》，《中国农村经济》2008 年第 6 期。

② 刘克春：《粮食生产补贴政策对农户粮食种植决策行为的影响与作用机理分析——以江西省为例》，《中国农村经济》2010 年第 2 期。

③ 何京蓉、李炯光、李庆：《农户转入土地行为及其影响因素分析——基于三峡库区427 户农户的调查数据》，《经济问题》2011 年第 8 期。

有显著正向影响。① 林坚、李德洗（2013）基于河南省的调查数据，构建联立方程模型，系统分析了农户非农就业与粮食生产之间的关系，其研究表明，在以河南省为代表的粮食主产区，粮食生产相对较少的劳动力投入需求和易于实施机械化作业的特点与非农就业收入的投资效应相结合，使农户非农就业与其粮食生产之间产生较强的互补性，稳定的粮食生产收益预期、非农就业与粮食生产的互补，以及较小的土地经营规模使农户的粮食生产仍处于积极性较高和规模报酬递增阶段。② 侯麟科、仇焕广、白军飞等（2014）采用2010年中国4个省份599户农户调研数据，实证分析了农户风险偏好对农作物品种选择的影响。研究结果证实风险规避型农户倾向于采用低风险农作物品种，但农户风险偏好对作物品种选择的影响因种植规模不同而不同。③

三 国内外研究动态评述

综上所述，国外关于农户的经济理论研究观点和思路为本书进行农户生产经营行为相关研究奠定了基础。整体上看，学者们的研究受到了所处时代、政治社会环境等因素的约束，一些观点在今天看来具有一定的局限性。随着农业生产的不断发展和新农村的稳步建设，当代中国农村经济结构已经远不是外国学者所描述的小农社会。家庭联产承包责任制的逐步建立和完善，使农户家庭小规模经营与之前的农业生产方式有了较大的区别，一些理论性结论已经不能合理解释当今农户的生产经营行为。另外，国外农户经济学研究的焦点还集中在农户行为的理性与非理性的争论上，而就农户本身来看，其对自身利益的关心是不容置疑的，农户的理性行为与生俱来。农户经济学理论中的农户模型应用研究对现阶段进行中国农户行为研究有着很强的方法论意义，而现阶段运用农户模型系统实证分析我国农户生产经营行为的研究成果还较为少见。

---

① 马彦丽、施轶坤：《农户加入农民专业合作社的意愿、行为及其转化——基于13个合作社340个农户的实证研究》，《农业技术经济》2012年第6期。
② 林坚、李德洗：《非农就业与粮食生产：替代抑或互补——基于粮食主产区农户视角的分析》，《中国农村经济》2013年第9期。
③ 侯麟科、仇焕广、白军飞等：《农户风险偏好对农业生产要素投入的影响——以农户玉米品种选择为例》，《农业技术经济》2014年第5期。

从国内学者关于农户经济行为研究的成果来看，有以下几方面发展趋势：（1）农户模型方法在分析农户行为上的广泛应用，引起了广大学者开始从对农户行为理论分析转向了实证分析。（2）不同经营规模农户生产动机和行为选择上的不同，引起了学者对不同土地规模经营农户行为差异进行比较研究，不仅清楚表明具体行为方式的差异，还深入分析了行为差异的影响因素。（3）近年来，很多学者对农户土地经营效率、家庭经济资源配置效率和农户行为选择意愿进行了大量的实证研究，成果丰硕。但在以下几个方面的研究还有待深入探讨：（1）学者们的研究过于侧重一般农户行为的研究，但都没有从生产经营的各个环节进行比较分析和归纳整理。（2）研究文献中多根据某一地区的调查数据来分析农户生产经营行为问题，但较少针对粮食主产区这一特殊区域的农户研究粮食生产农户的生产经营行为。有鉴于此，本书以黄淮海粮食主产区农户为研究对象，根据黄淮海粮食主产区调查问卷和相关统计资料，系统分析黄淮海粮食主产区农户的生产经营行为特征、行为结果及影响因素等核心问题。

第三节　研究目的、思路与方法

一　研究目的

本书以黄淮海粮食主产区农户为研究对象，从微观角度，探究黄淮海粮食主产区农户的生产经营行为特征、结果，分析农户各种生产经营行为的主要影响因素，提出优化农户生产经营行为、提高农业生产效率的对策建议。具体而言，本书的研究目的有以下几个方面：（1）构建一个分析粮食主产区农户生产经营行为的理论框架，分析影响农户生产经营行为的主要因素；（2）基于要素投入与产出的视角，利用实地调查数据，实证分析农户的土地经营行为、粮食生产投入行为、技术选择行为及其影响因素；（3）根据理论分析和实证结论，最终提出提升粮食主产区农户生产效率，促进农业健康高效发展的具体对策建议。

二　研究思路与技术路线

本书将沿着"问题提出→文献综述→理论基础与概念界定→粮食

主产区基本生产特征分析→粮食主产区农户生产经营行为认知→土地经营行为分析→生产投入行为分析→技术选择行为分析→优化粮食主产区农村生产经营行为"的技术路线展开研究。与此相对应，本书遵循了"现状梳理——理论分析——实证研究——对策研究"这一基本的研究脉络。具体如图 1 – 1 所示。

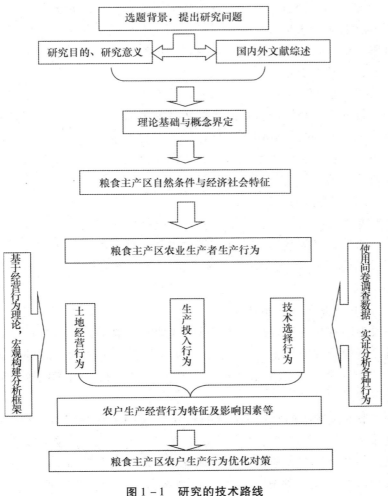

图 1 – 1　研究的技术路线

三　研究方法与数据来源

本书对于农户生产经营行为的研究主要采取定性分析和定量分析相结合、规范分析和实证分析相结合的方法。具体的方法如下：

（一）文献研究法

农户生产经营行为的相关经济学理论是本书的理论基础。本书首先使用文献归纳分析的方法对国内外关于农户行为的理论研究、实证分析等已有研究成果进行梳理总结，厘清农户的主要生产经营行为及其基本特征，从宏观上初步认知农户生产经营行为的结果，为本书理论分析框架建立奠定基础。

（二）比较分析法

比较分析法是按照特定的指标系将客观事物加以比较，以达到认识事物的本质和规律并做出正确评价的方法。本书在对农户生产经营行为进行分析时，将对不同省份、不同规模农户的粮食生产投入情况和经营行为的特征进行了比较分析。

（三）问卷调查法

根据本书的研究目的和研究内容，设计针对粮食主产区农户生产经营行为的调查问卷，对黄淮海粮食主产区粮食主产县区的若干农户进行了问卷调查和深入访谈，获取农户生产经营行为的第一手数据资料。

（四）计量模型分析法

根据已有的统计数据和整理后的实地调查数据，运用二元 Logistic 计量经济模型探究农户生产经营行为的主要影响因素。此外，运用 HMB 生产率指数方法对农户粮食生产资本投入与产出相比较的效率进行了测度与分析。

本书的基础数据资料主要来自历年的《中国统计年鉴》《中国农村统计年鉴》《中国农村住户调查年鉴》《全国农产品成本收益资料汇编》等统计资料，第一手数据资料主要来自笔者于 2014 年 1—3 月组织山东农业大学部分在校生（包括本科生、硕士生、博士生）作为调查员在山东、安徽、河南、河北等地完成的问卷调查资料。

第四节　本书的主要内容

本书在借鉴已有相关研究成果基础上，根据农户行为理论、供需均衡理论、行为经济学等相关理论，采用定性分析、定量分析等多种研究方法，对黄淮海粮食主产区农户的生产经营行为进行了较为系统的研究。

基于研究内容，本书共分为七章，主要内容如下：

第一章为导论。首先分析选题的背景，提出研究问题，确立选题依据和研究目的，其次对国内外相关文献进行了综述，然后明确本书的基本内容、研究方法、技术路线、研究的创新点及数据资料来源等。

第二章是理论基础与概念界定。主要阐述在开放的市场经济条件下，农户生产经营行为的相关理论，并对本书中的粮食主产区、农户、生产经营行为等相关核心概念进行梳理与界定，为本书搭建一个基本的理论分析框架。

第三章是黄淮海粮食主产区的基本特征与粮食生产概况。首先阐述黄淮海粮食主产区粮食生产特定的自然优势及社会经济优势，然后从小麦和玉米的总产、单产、成本收益的角度，重点分析了近 20 年来该区的粮食生产状况。

第四章是黄淮海粮食主产区农户土地经营行为。本章开始研究农户的生产经营行为之一——土地经营行为。主要通过调查问卷的统计结果分析黄淮海粮食主产区农户土地经营行为的特征，揭示农户土地经营决策机制。结合黄淮海粮食主产区农户的土地流转情况，并对农户未来土地经营意愿及其影响因素进行了深入分析。

第五章是黄淮海粮食主产区农户粮食生产投入行为。本章研究农户的生产经营行为之二——粮食生产投入行为。首先根据《全国农产品成本收益资料汇编》中的相关数据，依据对黄淮海 5 省农户小麦和玉米生产的亩均物质费用（包括直接费用与间接费用）以及人工成本费用来反映农户的小麦、玉米生产投入状况分析，揭示农户粮食生产投入行为的宏观特征、基本结果。其次，根据本书的调查数据深入分析黄淮海粮食主产区农户生产投入行为的主要特征，并利用多元 Logistic 模型分析农户粮食生产投入的微观影响因素。最后，从投入与产出的角度，进一步运用 HBM 生产率指数法对黄淮海粮食主产区农户粮食生产资本投入的生产率进行了测度与分析，揭示农户粮食生产行为的效率。

第六章是黄淮海粮食主产区农户技术选择行为。本章研究农户的生产经营行为之三——农户技术选择行为。基于入户问卷调查获取的第一手数据资料，运用多层面统计和多元 Logistic 模型，实证分析了农户粮食生产的技术需求及其影响因素，揭示农户的粮食生产技术需求特征、结果及其影响因素。

第七章是研究结论与政策建议。在概述本书主要研究结论的基础上，提出优化粮食主产区农户生产经营行为的具体政策建议。

第五节　本书的创新之处

本书的可能创新点主要包括研究视角、研究内容和研究方法三个方面。

在研究视角上，本书并不局限于仅从宏观视角来考察农户整体的生产经营行为，而同时从微观层面切入，结合实地问卷调查获取的第一手资料分析黄淮海粮食主产区农户的生产经营行为特征，从而深刻揭示农户的生产经营行为的特征、结果及其影响因素等核心问题。

在研究内容上，本书依据既有的研究基础和农业经济学的相关理论，将农户的生产经营行为划分为土地经营行为、粮食生产投入行为、技术选择行为等，进而搭建起农户生产经营行为的一般性理论分析框架，丰富和完善了农户生产经营行为研究的理论体系。

在研究方法上，本书运用了多元 Logistic 模型、Mamquist 指数、HBM 生产率指数等多种实证分析方法，并注重分析农户行为背后的资源、环境、社会等约束性因素。同时结合实地问卷调查方法，不仅丰富了对农户生产经营行为的感性认知和直观了解，而且还为实证分析提供了宝贵的第一手数据资料。

第二章　理论基础与概念界定

本章主要阐述开放的市场经济条件下，农户农业生产经营行为的相关理论，旨在为本书提供理论基础。在完全开放市场条件下，农户作为完全竞争厂商，其生产行为的目的是在约束条件下，追逐个人利益的最大化。因此，本章首先对相关理论进行梳理，主要涉及行为经济学和农户行为理论。在本章的最后一部分，对本书主要研究的基本概念进行了界定。

第一节　相关理论借鉴

国外关于农户经济学理论研究已经持续较长时间，形成了有代表性的三大理论学派。这三大学派分别是：（1）以俄国农业经济学家恰亚诺夫为代表的组织生产学派；（2）以诺贝尔经济学奖获得者西奥多·舒尔茨（Theodore W. Schultz）为代表的理性小农学派；（3）以美国学者黄宗智为代表的历史学派。学派间研究假设和观点的差异较大。

一　组织生产学派理论

组织生产学派产生于 20 世纪 20 年代末，代表人物是俄国著名农业经济学家恰亚诺夫，其代表作是《农民经济组织》。该学派侧重于农业经济结构和家庭农场生产组织等问题的分析研究，主要是针对当时俄国农民家庭经济组织内部运行机制进行静态分析。恰亚诺夫经过长达 30 年的农户跟踪调查资料（调查对象主要是 1930 年集体化前的俄国村社农民）后得出：小农的生产目的是满足家庭消费，是自给自

足的自然经济形态，小农追求的是生产的最低风险而不是利益最大
化。家庭需要一旦得到满足，农户就缺乏增加生产投入的动力。因
此，小农经济是保守的、非理性的、低效率的。在这种情况下，小农
的最优化选择就取决于自身的消费满足与劳动辛苦程度之间的均衡，
而不是成本与收益之间的比较。因此，家庭人口结构直接决定着农民
家庭经济活动规模的大小。该研究的理论基础之一是生物学规律中的
"家庭周期说"，另一理论基础来源于边际主义的劳动—消费均衡理
论，该理论认为，家庭农场的行为活动动力来源于家庭成员消费需求
满足的程度，消费需求的满足是以家庭成员的劳动为主要手段实现
的。对于小农的农场来说，只要家庭消费需要特别是生存需要没有得
到满足，就会继续投入生产资料和劳动力，并不关注农业生产的边际
收益是否已经低于市场工资。[①]

　　30 年之后，1957 年，波兰尼（Polanyi）等从另一视角做出了回
应，从小农问题的哲学层面和制度维度来分析小农行为。他认为在资
本主义市场出现之前，社会上人们的经济行为植根于当时特定社会关
系，因而研究这种经济行为就需要能把经济过程作为社会的"制度过
程"来看待的特殊方法和框架。[②] 1976 年，美国经济学家斯科特
（Scott）通过细致的案例考察进一步阐释和扩展了恰亚诺夫、波兰尼
等人的分析逻辑，并明确提出了著名的"道义经济"命题。斯科特
认为，小农经济首先坚守"安全第一"这一原则，具有强烈生存取向
的农民宁可选择避免经济灾难，也不会冒险追求平均收益的最大化。[③]

　　组织与生产学派的特点是强调坚守小农的生存逻辑，亦称"生存
小农"学派。此外，还有一些学者将"风险厌恶理论"中"风险"
与"不确定"条件下的"决策理论"运用到农户经济行为研究中。
例如，利普顿（Lipton）在其名著《小农经济合理论》（1968）中指
出，风险厌恶是贫穷的小农的生存需要，他们的经济行为遵循"生存

---

① 　［俄］恰亚诺夫：《农民经济组织》，萧正洪译，中央编译出版社 1996 年版。

② 　Polanyi, K., Conrad M. Arensberg, Harry W. Pearson, *Trade and Market in the Early Empires*: *Economies in History and Theory Glencoe*, New York: The Free Press, 1957.

③ 　Scott, James C., *The Moral Economy of the Peasant*: *Rebellion and Subsistence in Southeast Asia*, New Haven: Yale University Press, 1976.

法则"（survival algorithm）。[①]

二　理性小农学派理论

理性小农学派的代表人物是美国经济学家、诺贝尔经济学奖获得者西奥多·舒尔茨，其代表作是《改造传统农业》，该学派从分析传统农业的特征角度研究小农经济行为。舒尔茨沿用西方经济学关于对人的基本假设，根据危地马拉和印度的实证资料，首次提出了"理性小农"论断，认为农户像资本主义企业家一样，其生产行为都遵循利润最大化原则，都是"经济人"。小农对生产要素的配置行为符合帕累托最优原则，小农经济"贫穷而有效率"。在传统农业时期，农户对各种生产要素的分配是最优的，农户对于农业生产方式的选择考虑到了边际成本（MC）和边际收益（MR），因而各生产要素得到了充分利用。对农户现实生活中的种种非理性行为，舒尔茨认为这是一种外部局限下的理性选择。[②] 波普金（Popkin，1979）在其专著《理性的小农》中提出了中心假设，即农户是理性的个人或家庭福利的最大化者，并指明"我所指的理性意味着，个人根据他们的偏好和价值观评估他们选择的后果，然后做出他认为能够最大化他的期望效用的选择"。[③]

由于以上两位学者的观点基本接近，学术界将其概括为"舒尔茨—波普金命题"。按照这一命题，农户只要具备了外部条件，就会自觉产生"进取精神"，并能够合理使用和有效配置他们掌握的有限资源，以追求利润最大化。在这样一种经济组织中，农户的生产经营行为是完全理性的。传统农业增长的减缓甚至停止，不是因为农户的努力程度不够和市场经济的不足，而是因为传统投入下的边际收益递减。因此，改造传统农业的方式不是削弱农户生产组织功能，而应在

---

①　Michael Lipion，"The theory of the optimising peasant，" *Journal of Development Studies*，1968，4（3）：pp. 327–351.

②　Schultz T. W.，*Transforming Traditional Agriculture*，New Haven：Yale University Press，1964.

③　Popkin S. L.，*The rational Peasant：The Political Economy of Rural Society in Vietnam*，Berkley：University of Califorlia Press，1979：pp. 31–32.

现存组织和市场中确保合理成本下的现代生产要素的投入。

三　历史学派理论

历史学派的代表人物是美国著名历史社会学家黄宗智，1985 年黄宗智提出了自己独特的小农命题——"拐杖逻辑"，即中国小农家庭的收入是农业家庭收入（经营性收入）加非农佣工收入（工资性收入），后者是前者的"拐杖"，历史学派的核心是对小农经济的半无产化的定义和刻画。[①] 由于中国的小农农户家庭不能解雇多余的劳动力，所以中国的小农经济不会产生大量原本可从小农家庭分离出来的"无产—雇佣"阶层，多余的劳动力依然会继续附着在小农经济之上，不能成为真正意义上的雇佣劳动者，黄宗智称这种现象为"半无产化"。他的小农命题形成于《华北的小农经济与社会变迁》（1985），成熟于《长江三角洲小农家庭与乡村发展》（1990）。黄宗智（1990）在对中国华北地区、长三角地区的农村经济状况和农户行为的研究基础上，提出了农户经济行为差异化的观点，解释了不同人群的行为逻辑差异。农场主进行生产的目的是追求利润最大化，中农进行生产行为的目的是满足家庭自给的需求和劳动投入之间的均衡，而对于小农来讲，农户行为的主要目的是在人口、土地租佃关系中维持个人基本的生存。[②] 他的研究借鉴了恰亚诺夫、舒尔茨以及马克思关于农户的理论，提出了较为折中的理论"商品小农"。该学派认为我国农村经济变迁可以分为"单纯的过密化""过度过密化"和"发展"三种。小农经济存在过密化的原因是农村人口过多，耕地规模限制以及缺少非农就业机会，因此农户在边际报酬十分低下的情况下仍然进行劳动投入。20 世纪 80 年代中国农村改革实际上是一种"反过密化"的过程。黄宗智认为，中国的农民既不完全是恰亚诺夫所描述的生计生产者，也不完全是舒尔茨所分析的利润最大追逐者。史清华（1999）基于对黄宗智研究的总结，在其论著中，对农户研究的学派又做了进一步总结，提出了历史学派这一学说，并得到学术

---

① 黄宗智：《华北的小农经济与社会变迁》，中华书局 2002 年版。
② 黄宗智：《长江三角洲小农家庭与乡村发展》，中华书局 1992 年版。

界的普遍认可。①

第二节 基本概念界定

一 粮食主产区

粮食主产区一般是指粮食生产条件好，粮食总产量和单产量均高于全国平均水平，整体生产具有比较优势，除能满足本主产区内自身消费外，还可以根据国家调控大量调出商品粮给粮食主销区的地区。从长远角度分析，稳定和提高粮食主产区的粮食生产能力就能较大程度保证国家的粮食安全。财政部于2003年12月下发的《关于改革和完善农业综合开发政策措施的意见》中确定河北、内蒙古、辽宁、吉林、黑龙江、江苏、河南、山东、湖北、湖南、江西、安徽、四川13个省份为我国的粮食主产区。

从地势形态来看，辽宁、吉林、黑龙江属于东北平原，河北、江苏、河南、山东、安徽属于黄淮海平原，湖北、湖南、江西属于长江中下游平原，三大平原的整体地势较为平坦，适合开展较大规模粮食作物的种植。从气候角度分析，东北平原和黄淮海平原处于温带季风气候区，区域内四季分明、夏季炎热多雨、秋冬春气候较为干燥，整体气候适合冬小麦、夏玉米的生产；长江中下游平原处于亚热带季风气候区，区域内全年温差较小，夏季高温多雨，冬季温和少雨，整体气候湿润，光、热、水资源条件较好，适合水稻、玉米的生长。从土壤结构分析，三大平原土壤的有机质含量较高，富含粮食生产所需要的多种元素。与非粮食主产区相比，粮食主产区的综合生产能力更强，是我国粮食生产的重要基地和保障粮食安全的重要基础。

粮食安全是关系国计民生的重大问题，对于国家和个人均具有重要的经济意义和政治意义。2008年国务院发布了《国家粮食安全中长期规划纲要（2008—2020）》，文件指出"近年来，我国粮食生产发展和供需形势呈现出较好局面，但是必须清醒地看到，农业仍然是国民经济的薄弱环节，随着工业化和城镇化的推进，我国粮食安全面

---

① 史清华：《农户经济增长与发展研究》，中国农业出版社1999年版。

临的形势出现了一些新情况和新问题"。目前粮食生产的主要问题在于：粮食产量逐年增加，但是继续稳产的难度加大，增产的幅度越来越小；粮食供求将长期处于紧平衡状态。最近几年，粮食领域最受关注的一个现象是，在国内粮食持续增产的同时，进口屡创新高。[1] 从中长期发展趋势看，受人口、耕地、水资源、气候、能源、国际市场等因素变化影响，上述趋势难以在短期内逆转，我国粮食和食物安全将面临严峻挑战。[2] 粮食安全包括数量安全和质量安全，其中数量安全是基础，保障粮食的数量安全是国家粮食安全的基本要求。

根据《中国统计年鉴 2014》的统计数据显示：中国 13 个粮食主产区的粮食播种面积为 80232.2 千公顷，占全国总播种面积的71.7%，粮食产量为 45763.4 万吨，占全国总产量的比重为76.03%。其中，黄淮海区域的粮食总产量为 20309.5 万吨，占粮食主产区粮食总产量的 44.38%，占全国粮食总产量的 33.74%。

二　农户

农户是人类进入农业社会以来最基本的经济组织。在《经济百科词典》中对农户的解释是，农户是以血缘和婚姻关系为基础而组成的农村家庭。通常每一家农户是一个独立的生产和生活单位。作为生产单位的农户，一般是在自家已有或租赁的土地上，通过投入家庭自有的劳动力和已购买的农业生产资料，进行农业生产经营活动。

目前国内外已有的关于农户的研究成果表明，对农户的理解有以下几种观点：

（1）农户指的就是农民家庭（韩明谟，2001）。[3]

（2）农户就是指家庭农场。恰亚诺夫在关于小农经济的论述中指出，小农家庭农场与资本主义企业有所区别，主要在于两个方面：一是小农家庭农场从事农业生产依靠的是自身劳动力，而资本主义企业要雇用劳动力；二是小农家庭农场的农业产品主要满足家庭自身消费

---

① 程国强：《中国粮食安全的真问题》，http：//special. caixin. com/2015 – 02 – 10/100782897_ all. html。

② 参见《国家粮食安全中长期规划纲要（2008—2020 年）》。

③ 韩明谟：《农村社会学》，北京大学出版社 2001 年版。

而资本主义企业生产的产品主要投入市场追求最大利润。小农家庭农场的本质就是农户。① 黄宗智也将中国解放前的小农户称作家庭农场。②

（3）农户是社会经济组织单位。作为一种经济组织，农户是指主要依靠家庭劳动力从事农业生产的一种组织形式，并且家庭对于自家生产的产品拥有剩余控制权。与农业生产的其他组织形式相比，农户的特征在于它是以家庭契约关系为基础的生产单位。从这一点来说，发达国家的家庭农场与发展中国家的个体农户的本质都是农户经济组织。

一般地，由于"农"具有多种含义，那么由"农"和"户"结合形成的词同样有多种内涵。首先从职业角度理解，农户是从事以农业生产为主的家庭。其次是从所居住的生活区域理解，农户是居住在农村的家庭，并以从事农业生产为主。

本书认为，农户是以农民为组成主体，集生产功能、经济功能、社会功能于一体的基本单位。由此可以得知，农户的内涵是十分丰富的，可以分以下几个层面进行理解：农户是从事农业生产的家庭；农户是农产品自给率很高的家庭；农户是具有生产和消费双重功能的家庭；在大多数发展中国家，农户与具有城市户口的家庭相比，其政治地位和经济地位相对低下。

自 1978 年中国实施改革开放政策，尤其是在农村逐步实行家庭联产承包责任制以后，中国农户的内涵和外延均发生了巨大的变化。在部分经济发达地区，尤其是在东部发达省份、中部较发达省份和西部较发达地区，多数农户不再是以从事农业生产经营活动为主、以农产品销售收入为主要收入来源的农民家庭，他们在职业选择和居住地选择上拥有比改革开放之前更大的自主权，经济地位有较大的提高。部分农户已从过去完全从事农业生产经营劳动的纯农户转变成从事以农业为主、同时在非农产业进行生产劳动的兼业农户，或者是以从事非农产业为主，农忙时期从事农业生产的兼业农户，家庭收入较高的

---

① ［俄］恰亚诺夫：《农民经济组织》，萧正洪译，中央编译出版社 1996 年版。
② 黄宗智：《华北的小农经济与社会变迁》，中华书局 2002 年版。

农户选择就近进入城市落户，成为完全不从事农业的非农户。同时，农户的政治地位也发生了变化，农户参与农村的基层选举和农村事务决策，"一事一议财政奖补"制度的推行进一步提高了农户参与农村事务决策的积极性。

本书对农户的界定是位于黄淮海粮食主产区、常住地为农村地区、以从事农业生产为主要经济来源的农村家庭。本书后文中各类相应的研究主要围绕这一区域的农户展开。

三　农户生产经营行为

农户生产经营行为是指农户为了满足家庭或自身的物质生活需要，而进行的一系列经济活动，主要包括农户对于农产品的生产、分配、交换、消费等经济活动。农户的经营行为首先保证的是尽量满足家庭成员的温饱需求，其次强调的是实现利润最大化或家庭效用最大化，进而根据市场要求对家庭自有劳动力、已承包土地及其他生产要素的利用、分配和操作。党的十一届三中全会以来，农村进行改革开放之后，由于在广大农村地区实行了家庭联产承包责任制，农户经营行为的内涵和外延都有所扩大。它首先包括农户对于农产品的生产经营活动，如土地、劳动力、资金、农业生产资料等在农业生产领域的投入、操作等，其次包括农户进行的非农活动，如对于土地的转让、家庭青壮年劳动力进入中小城镇或大城市在非农行业工作等。整体从过去单纯地进行农业生产，转向家庭经营兼业化。农户经济行为具有非常明显的非农化趋势。

中国农户经营行为是生产容量很大的农业经营方式，它不仅适应以手工劳动为主的传统农业生产，也能适应采用先进科学技术和生产手段的现代农业生产，具有广泛的适应性和旺盛的生命力。农户经营行为主要由农户对于农作物的产前、产中、产后的一系列行为选择过程所构成，包括农户的土地经营行为（农地流转行为即农田流入和农田流出）、资金投入行为（农资购买与投入行为）、技术选择行为等。

第三章　黄淮海粮食主产区的基本
特征与粮食生产概况

　　黄淮海粮食主产区的主体为由黄河、淮河与海河及其支流冲积而成的黄淮海平原（即华北平原），以及与其相毗连的鲁中南丘陵和山东半岛。黄淮海平原在行政区划上包括北京市、天津市、河北省、山东省、河南省的大部、安徽与江苏二省的淮北地区。国家划分的 13 个粮食主产省份中的河北、江苏、河南、山东、安徽均属于黄淮海平原。

　　本章首先阐述黄淮海粮食主产区粮食生产特定的自然优势及社会经济优势，然后分析近 20 年来该区的粮食生产状况，以小麦和玉米的总产、单产为主要分析对象，重点观察 2000 年以后黄淮海粮食主产区粮食生产发展状况与趋势。然后，基于国家统计局编制的《全国农产品成本收益资料汇编》（1980—2014）中黄淮海粮食主产区安徽、河北、河南、江苏、山东各省 1979~2013 年小麦生产投入和产出、玉米生产投入和产出的面板数据来分析粮食生产的成本收益状况。

第一节　黄淮海粮食主产区基本特征

一　自然特征

　　黄淮海粮食主产区北起长城，南至桐柏山、大别山北麓，西倚太行山和豫西伏牛山地，东濒渤海和黄海，其主体为由黄河、淮河与海河及其支流冲积而成的黄淮海平原（即华北平原），以及与其相毗连的鲁中南丘陵和山东半岛。黄淮海平原在行政区划上包括北京市、天津市、河北省、山东省、河南省的大部、安徽与江苏二省的淮北地区，共辖 53 个地市，376 个县（市、区）。

　　黄淮海粮食主产区区内地势较为平坦，耕地资源较为丰富。黄淮海平原土质良好，土壤类型主要为潮土①，潮土土层深厚，矿质养分丰富，有利于深根作物生长，因此黄淮海平原适合开展较大规模的农业生产活动。黄淮海平原自西向东按地貌可分为三种类型：一是燕山、太行山、伏牛山山前冲积平原，占黄淮海平原总面积的 14.7%，地形略微倾斜，水资源丰富，土地盐碱化程度很低，是黄淮海粮食主产区内主要的高产稳产区。二是由沿黄河流域、海河流域、淮河流域三大流域组成的冲积平原，面积占整个平原的 74.7%，是黄淮海平原的主体部分。其中，北部海河多碟形洼地，土壤盐碱化较为普遍；中部黄河流域受黄河泛滥的影响，老河床和天然堤上多为砂土，老河床两侧缓斜平地多为轻壤土，浅平洼地则为黏土；南部淮河平原，多砂姜土，土质黏重。三是东部沿渤海、黄海的滨海平原，占平原面积的 10.6%，海拔在 5—10 米以下，地面径流不畅，地下多为咸水，土壤盐碱化程度较高，是生产条件最差的地方。

　　黄淮海平原属于暖温带半湿润、湿润季风气候，气候兼有南北之长。黄淮海粮食主产区整体的光热资源较好，全年太阳辐射总量 49×10^8—59×10^8 焦耳/米^2，全年 $\geqslant 10℃$ 积温 3800℃—4900℃，全年无霜期 190—220 天，大部分地区种植农作物可以一年两熟。冬季最冷月平均气温在 -8℃ 以上，冬小麦可以安全越冬；春季升温快，冬小麦返青早；多数地区气温在 4 月上旬稳定通过 10℃，利于春播作物适期早播，延长作物有效生长期，使光热水条件得到充分利用。黄淮海平原从北到南，年平均降水量从 500 毫米到 1000 毫米，南部淮河流域年均降水 800—1000 毫米，黄河下游平原为 600—700 毫米，京、津、冀一带为 500—600 毫米。②从年平均值看，能够维持雨养型农业。但是，黄淮海平原的降水主要受太平洋季风的影响，地区和季节分布不均匀，年际间变化也比较剧烈。全年降水的 60%—80% 集中在每年

---

　　① 潮土（包括砂姜黑土）曾称为浅色草甸土，主要分布于黄淮海平原以种植小麦、玉米、高粱和棉花为主。潮土土层深厚，矿质养分丰富，有利于深根作物生长，但有机质、氮素和磷含量偏低，且易旱涝，局部地区有盐渍化问题。

　　② 佚名：《中国南水北调工程简介》，2013 年 10 月 17 日，中原网（http://www.zynews.cn/）。

的 6 月至 9 月。

二　社会经济特征

黄淮海粮食主产区同时也是我国重要的非农建设经济建设区,著名的胶东经济区、京津唐经济区和苏北经济区等城市群都位于该地区内。黄淮海平原农耕历史悠久,是我国原始农业发展最早的地区之一,目前是我国重要的农业经济区和粮食主产区,肩负着保障国家粮食安全的重要任务。黄淮海粮食主产区全区总面积 46.95 万平方公里,2013 年人口总量超过 4 亿人,乡村户籍人口超过 2 亿人。黄淮海粮食主产区农耕历史悠久,是我国原始农业发展最早的地区之一。黄淮海平原土地面积约占全国平原面积的 30%,耕地占全国总面积的 1/6。2013 年全区农作物播种面积为 5139.44 万公顷,占全国播种总面积的 31.22%;粮食总产量为20580.3 万吨,占全国粮食总产量的 34.18%。

黄淮海粮食主产区在粮食生产品种结构方面,具有传统的优势。20 世纪 90 年代初至今,由于产业结构调整及种植部署优化的推进,黄淮海粮食主产区的粮食生产逐步走向发挥比较优势的发展模式。1993—2013 年,小麦成为该区粮食生产第一品种,在全国小麦总产量中稳定保持在 70% 以上的比例。同时,玉米产量及其所占比例逐年上升,成为仅次于小麦的第二品种。花生作为重要的油料作物,2013 年总产量为 1071.1 万吨,占全国花生总产量的 75.99%。随着社会经济的发展和人民生活水平的提高,全国范围内农产品需求的数量和结构在不断发生变化。黄淮海粮食主产区整体农业生产结构的逐步优化,有助于发挥农作物品种生产的比较优势,同时能够充分利用自身生产的地理与气候优势,从而促进生产资源的优化配置,有效提高粮食生产效率。

三　农业教育与科技发展

黄淮海粮食主产区属于国内科技与教育事业实力最强的地区之一。以北京、天津为核心,合肥、济南、郑州为区域教育中心的大学群和研究机构群成为发展农业科技的重要力量。其中,以中国农业大学、中国农业科学院为代表的国家级农业类重点科研院校,带领山东农业大学、河南农业大学等省属重点农业高校开展结合黄淮海农业生产实际的各类科学研究。同时，中国农业科技黄淮海创新中心于2007年成立，依托黄淮海粮食主产区农业科技资源和区位优势，开展农业科技创新活动，构建黄淮海粮食主产区农业科技创新平台，形成国家农业科技创新体系，服务于农业科技和生产发展。另外，以李振声院士、于振文院士为代表的农业科学家积极服务在农业生产一线，亲力亲为指导农户从事农业生产，能够有效推广生产良种，促进粮食产量增加。

四　交通优势

交通运输是决定区域经济特别是农业经济发展的重要因素。黄淮海粮食生产区内城市群集中，是高速铁路、高速公路的优先发展地带。从交通行业角度分析，黄淮海粮食主产区的铁路和公路用地密度是全国平均水平的近4倍，基本形成干支结合、四通八达的交通网络，省会城市之间基本能够保证4小时到达，小城市之间能够保证一天内到达，高速发展的公共交通方便了黄淮海粮食主产区区内区外粮食的储存和调运，降低了粮食储运的成本。

黄淮海粮食主产区高速铁路主干线主要有京广线、京沪线和京港线，因此高铁线路辐射区域是该区经济发展的重要地带。

第二节　黄淮海粮食主产区的粮食生产概况

黄淮海粮食主产区是我国粮棉油、蔬菜水果、肉蛋奶等大宗农产品的主要产地，在我国食品安全保障方面特别是粮食安全方面发挥着十分重要的作用。其中，山东省是国内发展现代农业的典型代表省份，农业的生产结构较为合理，既能满足区域自给，同时有大量的农产品与相邻地区进行市场贸易；河南省是国内粮食生产第一大省，同时又是食品加工第一大省，省内有诸多食品加工行业的知名品牌；河北、安徽、江苏等省是我国重要的商品粮基地和粮食新增潜力较大的区域。小麦和玉米作为黄淮海粮食主产区的主要粮食作物，其粮食总产量和单位面积产量等主要生产态势将在本书后面做具体表述。

一　黄淮海粮食主产区小麦生产概况

（一）黄淮海粮食主产区小麦总产量

黄淮海粮食主产区的小麦总产量从 1993 年的 6418.9 万吨到 2013 年的 9265.73 万吨，产量增长了 1.44 倍。2013 年黄淮海粮食主产区的小麦总产量占全国小麦总产量的 75.99%。如图 3-1 所示，5 个省份小麦总产量的发展变化各不相同。

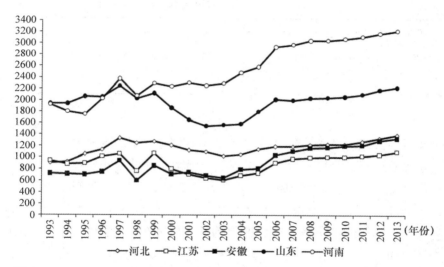

图 3-1　1993—2013 年黄淮海粮食主产区 5 省小麦总产量变化（单位：万吨）

其中，河南小麦的生产处于整体波动幅度较小、总产稳步上升的状态，从 1993 年的 1922 万吨增加到 2013 年的 3226.4 万吨，产量增长了 1.68 倍，高于黄淮海粮食主产区的整体增长幅度。河北小麦的生产处于整体波动幅度正常、总产增长缓慢的状态。而江苏、安徽、山东三省小麦的生产均有较大幅度的波动，特别是在 20 世纪末 21 世纪初，小麦生产均有不同幅度的下降，其中山东省小麦减产的幅度最为明显，直到 2004 年、2005 年，小麦生产总量才开始稳步回升。

从黄淮海 5 省小麦总产比例图的变动可以看出，1993 年河南、山

东所占的比例相同，均为30%，2013年河南占比35%，山东占比
24%，河南作为小麦生产强省的战略性地位更显重要。江苏由1993
年的15%降至2013年的12%，安徽由1993年的11%升至2013年的
14%，上下均变动3个百分点；1993年的安徽小麦总产量低于江苏
225万吨，2013年安徽小麦总产量高出江苏230.69万吨，说明安徽
在最近一个时期十分重视小麦生产。

表3-1　　　　1993年和2013年黄淮海5省小麦总产量结构变化

年份	河北	江苏	安徽	山东	河南
1993	14.05%	14.67%	11.17%	30.16%	29.94%
2013	14.97%	11.89%	14.38%	23.95%	34.82%

运用公式 $[(X_{i+1} - X_i) / X_i] \times 100\%$，对五省份1993—2013
年小麦总产量的全序列数据分析表明，河南、河北省小麦生产的增产
年数为15个，比例为75%，减产年数为5个，比例为25%；增产年
份中河北年平均小麦增产率为5.02%，减产年份年平均减产率为
5.58%，即河北省小麦总产量的年均波动在±6%范围内；增产年份
中河南年平均小麦增产率为5.56%，减产年份年平均减产率为
5.23%，即河南省小麦总产量的年均增长幅度波动高于河北省，但同
样在±6%范围内。江苏、安徽、山东小麦生产的增产年数为14个，
比例为70%，减产年数为6个，比例为30%；增产年份中江苏年平
均小麦增产率为8.89%，减产年份年平均减产率为14.45%，减产幅
度较大，江苏省小麦总产量的年均波动在±15%范围内；增产年份中
山东年平均小麦增产率为4.20%，减产年份年平均减产率为6.77%，
山东省小麦总产量的年均波动在±7%范围内；增产年份中安徽年平
均小麦增产率为11.38%，减产年份年平均减产率为11.62%，安徽
省小麦总产量的年均波动在±12%范围内，相比其他省份，增减波动
幅度较大。

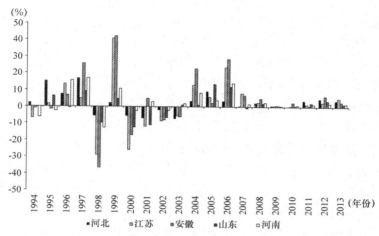

图 3 - 2　1993—2013 年黄淮海粮食主产区 5 省小麦总产量波动幅度

利用 1993 年至 2013 年 20 年粮食总产数据作箱形图（图 3 - 3），分析黄淮海 5 省小麦生产发展及其波动差异如下。

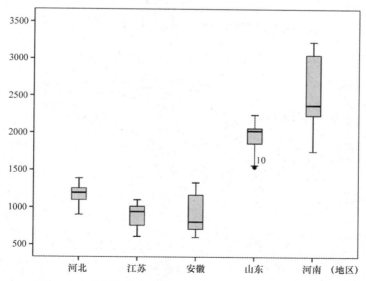

图 3 - 3　黄淮海粮食主产区 5 省 1993 年至 2013 年小麦
总产量波动箱形图（单位：万吨）

黄淮海5省小麦总产21年均值能够反映出这五个省小麦总产对黄淮海粮食主产区小麦总产的贡献,其大小依次为河南、山东、河北、江苏、安徽。分析各省小麦产量波动(图3-3)可见,21年间在黄淮海5省中,河南产量增幅最大,21年增加了1304.4万吨,安徽增加了615.1万吨,仅次于河南。河北增加了485.1万吨,山东增加了282.8万吨。江苏增加幅度最小,仅为159.4万吨。

(二)黄淮海粮食主产区小麦单位面积产量

黄淮海粮食主产区的小麦单产从1993年的3953.6公斤/公顷增加到2013年的5698.3公斤/公顷,可以看出各省小麦单产均有较大的波动幅度(图3-4)。

其中,1998年、2000年、2002年、2003年这几个生产年份,各省的小麦单产均较前一年有明显的下降。1998年安徽、江苏的小麦单产是1993—2013年这一时期的历史最低水平;河南的小麦单产接近于历史最近水平;2002年山东的小麦单产为这一时期的历史最低水平。从2003年开始,各省的小麦单产开始有较大幅度提高,2013年山东和河南的单产最高,均超过6000公斤/公顷;河北小麦单产超过5800公斤/公顷,江苏、安徽的小麦单产超过5000公斤/公顷,均为历史最高水平。

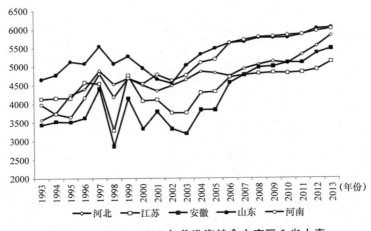

图3-4 1993—2013年黄淮海粮食主产区5省小麦
单位面积产量变化(单位:公斤/公顷)

运用公式 ［（X_{i+1} − X_i）／ X_i］×100%，对五省份1993—2013年小麦单产的全序列数据分析表明，河北、安徽省小麦单产的增加年数为14个，比例为70%，减少年数为6个，比例为30%；增加年份中河北年平均小麦单产增加率为5%，减少年份年平均单产减产率为3%，即河北省小麦单产的年均波动在±5%范围内，波动范围较小；增产年份中安徽年平均小麦单产增加率为10.3%，减产年份年平均单产减产率为11.9%，即安徽省小麦单产量的年均增长幅度和减产幅度波动均高于河北省。江苏、河南、山东小麦单产的增加年数为15个，比例为75%，减少年数为5个，比例为25%；增产年份中江苏年平均小麦单产增加率为6.0%，减产年份年平均单产减产率为10.4%，减产幅度较大，江苏省小麦单产的年均波动在±11%范围内；增产年份中河南年平均小麦单产增加率为5.0%，减产年份年平均单产减产率为5.6%，河南省小麦单产的年均波动在±6%范围内，波动范围较小；增产年份中山东年平均小麦单产增加率为4.6%，减产年份年平均小麦单产减产率为4.8%，山东省小麦单产的年均波动在±5%范围内。整体分析，安徽省小麦的单产年均增减幅度最大。

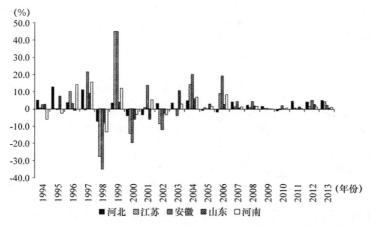

图3−5　1993—2013年黄淮海粮食主产区5省小麦单位面积产量波动幅度

省域间小麦单产水平及波动与小麦总产水平及波动的呈现不尽一致。20年间，小麦单产均值从高到低依次是山东、河南、河北、江苏、安徽。由此可知，山东小麦总产低于河南的主要原因是山东小麦的播种面积少于河南。就单产增幅分析，安徽、河南、河北小麦单产增幅大。特别是安徽，单产增幅为2615.4公斤/公顷（单产最低为1998年的2859.7公斤/公顷，最高为2013年的5475.1公斤/公顷），区内小麦单产排名由第五位上升至第四位。河南、河北的小麦单产增幅均超过2200公斤/公顷。而小麦总产处于第二位的山东，单产水平整体较高，但增产幅度较小。江苏小麦单产的整体水平较低，增加幅度较小，可见提升单产能够促进江苏省小麦总产量的提升。

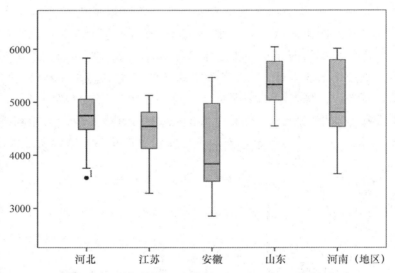

图3-6　黄淮海粮食主产区5省1993年至2013年小麦
单位产量波动箱形图（单位：公斤/公顷）

二　黄淮海粮食主产区玉米生产概况

（一）黄淮海粮食主产区玉米总产量

黄淮海粮食主产区的玉米总产量从1993年的3708.5万吨增加到2013年的6110.0万吨，增长了1.65倍。2013年黄淮海粮食主产区的玉米总产量占全国玉米总产量的27.96%。从图3-7不难发现，5个省份玉米总产量的发展趋势有较大差异。

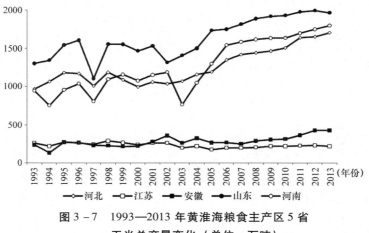

**图 3 - 7　1993—2013 年黄淮海粮食主产区 5 省
玉米总产量变化（单位：万吨）**

　　其中，江苏玉米生产处于整体波动幅度较小、总产几乎没有变化
的状态。安徽玉米的生产处于总产数量小幅上升的状态，从 1993 年
的 234.1 万吨增加到 2013 年的 426.0 万吨，增长了 1.82 倍，高于黄
淮海粮食主产区的整体增长幅度。河南、河北、山东三省在 1993—
2004 年这一时期，玉米的生产均有较大幅度的波动，山东省在 1997
年，河南省在 1994 年玉米生产均降到了最低水平。其后的 1997 年、
2003 年河南省玉米减产的幅度同样十分明显，逼近历史最低水平。
直到 2004 年，玉米生产总量才有稳步、大幅的回升。河南从 2003 年
的 766.3 万吨增加到 2006 年的 1541.8 万吨，用时 3 年产量翻了一
番，年均增量 258.5 万吨。

　　根据黄淮海 5 省玉米总产结构变化（表 3 - 2）可以得知。1993
年和 2013 年河南、山东两省相加后所占比例相同，均为 61%，2013
年河南占比 29%，山东占比 32%，与 1993 年相比，河南上升了 3 个
百分点，山东下降了 3 个百分点，整体生产比例更为均衡。而江苏由
1993 年的 7% 降至 2013 年的 4%，说明江苏在种植业结构调整中忽视
了玉米生产。安徽由 1993 年的 6% 升至 2013 年的 7%，河北由 1993
年的 26% 升至 2013 年的 28%，说明这两个省对于玉米生产的重视程
度有所提高。

表 3 - 2　　　1993 年和 2013 年黄淮海 5 省玉米总产量结构变化

年份	河北	江苏	安徽	山东	河南
1993	26%	7%	6%	35.12%	26%
2013	28%	4%	7%	32.20%	29%

　　运用公式 〔（X_{i+1} - X_i）／ X_i〕×100%，对五省份 1993—2013 年玉米总产量的全序列数据分析表明，河北、山东省玉米生产的增产年数为 15 个，比例为 75%，减产年数为 5 个，比例为 25%；增产年份中河北年平均玉米增产率为 6.5%，减产年份年平均减产率为 6.8%，即河北省玉米总产量的年均波动在 ±7% 范围内；增产年份中山东年平均玉米增产率为 7.3%，减产年份年平均减产率为 10.4%，即山东省玉米总产量的年均增长幅度和减产幅度波动均高于河北省，在 ±11% 范围内。

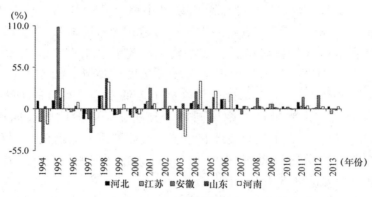

图 3 - 8　1993—2013 年黄淮海粮食主产区 5 省玉米总产量波动幅度

　　江苏玉米生产的增产年数为 12 个，比例为 60%，减产年数为 8 个，比例为 40%；增产年份中江苏年平均玉米增产率为 7.6%，减产年份年平均减产率为 11.8%，减产幅度较大，江苏省玉米总产量的年均波动在 ±12% 范围内；安徽玉米生产的增产年数为 11 个，比例为 55%，减产年数为 9 个，比例为 45%；增产年份中安徽年平均玉米增产率为 22.6%，减产年份年平均减产率为 13.2%，安徽省玉米总产量的年均波动在 ±23% 范围内，整体波动幅度较大；河南玉米生

产的增产年数为 16 个, 比例为 80%, 减产年数为 4 个, 比例为
20%; 增产年份中河南年平均玉米增产率为 11.37%, 减产年份年平
均减产率为 21.3%, 河南省玉米总产量的年均波动在 ±22% 范围内,
相比其他省份, 增减波动幅度较大, 但由于减产年数较少, 对河南整
体的玉米生产没有产生较严重的威胁。

利用 1993 年至 2013 年 20 年玉米总产数据作箱形图 (图 3-9),
可以清楚地看出黄淮海 5 省玉米生产的波动差异。

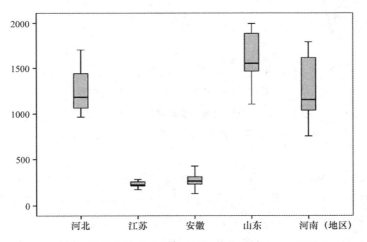

**图 3-9 黄淮海粮食主产区 5 省 1993 年至 2013 年玉米
总产量波动箱形图 (单位: 万吨)**

黄淮海 5 省玉米总产 21 年均值能够反映出这五个省玉米总产对
黄淮海粮食主产区玉米总产的贡献, 其大小依次为山东、河南、河
北、安徽、江苏。分析各省玉米产量波动可见, 21 年间在黄淮海 5
省中, 河南产量增幅最大, 21 年增加了 849.5 万吨, 河北增加了
738.8 万吨, 仅次于河南。山东增加了 664.8 万吨, 安徽增加了
191.9 万吨。江苏没有增加, 反而减少了 43.6 万吨。说明江苏在玉
米种植中, 并未充分利用资源, 实现可持续发展。

(二) 黄淮海粮食主产区玉米单位面积产量分析

黄淮海粮食主产区的玉米单产从 1993 年的 5075.42 公斤/公顷增

加到 2013 年的 5526. 433 公斤/公顷。由图 3 - 10 可以看出各省玉米单产在不同的生产时期均有较大的波动幅度。

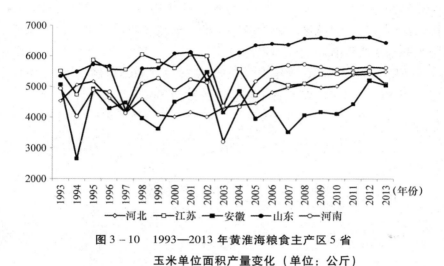

图 3 - 10   1993—2013 年黄淮海粮食主产区 5 省
玉米单位面积产量变化（单位：公斤）

　　其中，1997 年、1999 年、2002 年、2003 年这几个生产年份，各省的玉米单产均较前一年有明显的下降。1997 年山东的玉米单产、2000 年河北的玉米单产、2003 年河南、江苏的玉米单产均为 1993—2013 年这一时期的省内历史最低水平。从 2003 年开始，河南、山东的玉米单产开始有较大幅度提高，特别是河南，2003—2006 年这三个生产年份单产以每年近 800 公斤/公顷的增幅增加，这也是这一时期河南玉米总产飞速增加的重要原因（图 3 - 10）。山东在 2002—2005 年这三个生产年份的玉米单产以每年 400 公斤/公顷的增幅增加，促进山东玉米生产总产量的恢复性提高。河北的玉米单产虽然在 2000 年低至历史最低水平，但自 2001 年开始，单产增速缓慢，河北玉米总产量近年来提高的原因主要是玉米种植面积的扩大。2012 年山东、河南的玉米单产、2013 年河北的玉米单产均达到历史最高水平，进一步稳定了山东、河南玉米总产的最高水平。江苏、安徽的玉米单产年际间处于波动上升状态，在 2012 年达到较高水平，但是 2013 年又有小幅下降。因此，稳步提高江苏、安徽的玉米单位面积产量，能够有效保证江苏、安徽两省的玉米总产的提高。

运用公式〔（X_{i+1} – X_i）／X_i〕×100%，对五省份1993—2013年玉米单产的全序列数据分析表明，河北、山东省玉米单产的增加年数为14个，比例为70%，减少年数为6个，比例为30%；增加年份中河北年平均玉米单产增加率为4.45%，减少年份年平均单产减产率为6.54%，即河北省玉米单产的年均波动在±7%范围内，波动范围较小；增产年份中山东年平均玉米单产增加率为5.38%，减产年份年平均单产减产率为7.61%，波动范围略大于河北省。安徽、河南玉米单产的增加年数为11个，比例为55%，减少年数为9个，比例为45%；增产年份中安徽年平均玉米单产增加率为18.45%，减产年份年平均单产减产率为16.15%，整体的波动幅度很大，说明安徽省玉米生产过程中单位面积产量极不稳定；增产年份中河南年平均玉米单产增加率为11.06%，减产年份年平均单产减产率为9.38%，河南省玉米单产的年均波动在±12%范围内。江苏省玉米单产的增加年数和减少年数都为10个，比例均为50%；增产年份中江苏年平均玉米单产增加率为8.74%，减产年份年平均玉米单产减产率为8.09%，玉米单产的年均波动在±9%范围内，波动幅度不大，但减产年份太多影响江苏省玉米生产。整体分析，安徽省玉米的单产年均增减幅度最大。具体见图3－11。

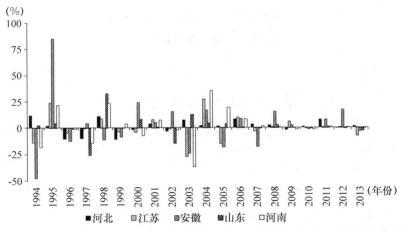

图3－11　1993—2013年黄淮海粮食主产区5省小麦单位面积产量波动幅度

　　省域间玉米单产水平及波动与玉米总产水平及波动的呈现不一致。21 年间，玉米单产均值从高到低依次是山东、江苏、河南、河北、安徽。但分析各个省份的玉米单产增幅可以得知，21 年间，安徽玉米单产增幅最大，为 2820 公斤/公顷（单产最低为 1994 年，单产 2657.4 公斤/公顷；最高为 2002 年，单产 5477.4 公斤/公顷）。河南、山东的玉米单产增幅均超过 2300 公斤/公顷。河北玉米单产的整体水平较低，增加幅度较小，单产提升尚有较大空间。具体见图 3－12。

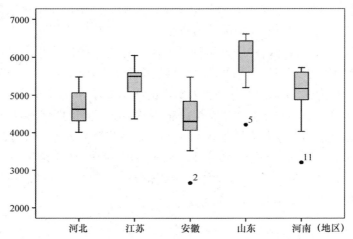

图 3－12　黄淮海粮食主产区 5 省 1993 年至 2013 年
玉米单位产量波动箱形图

第三节　黄淮海粮食主产区粮食
生产成本收益分析

一　粮食生产成本

　　农户粮食生产成本主要体现在物质与服务费用和雇工费用两方面。物质与服务费用指的是在粮食生产过程中农户所投入的农业生产资料费用、购买各种生产性服务的现金支出及其他与生产有关的实物或现金支出，包括直接费用和间接费用两部分。

　　考虑到本书中采用粮食成本收益数据的可得性、完整性、连续性，本书选用了国家统计局编制的《全国农产品成本收益资料汇编》（1980—2014）中黄淮海粮食主产区安徽、河北、河南、江苏、山东1979—2013年小麦生产投入和产出、玉米生产投入和产出的面板数据。其中，3种生产投入为单位面积的直接生产费用（含种子、化肥、农药、塑料薄膜等中间物质投入）；间接生产费用（含固定资产折旧及管理费等）和劳动力用工作价；1种产出为单位面积产值。

　　（一）粮食生产的直接费用

　　根据表3－3所示，小麦生产的直接费用一直高于玉米生产的直接费用，以50元为一增长单位，1988年小麦生产的直接费用为58.19元/亩，1994年小麦生产的直接费用为111.04元/亩，1995年小麦生产的直接费用为150.67元/亩，进入21世纪之后，小麦生产的直接费用以较快速度增加，如2005年为225.05元/亩，2007年为256.80元/亩，2009年为327.85元/亩，2012年为402.31元/亩。

表3－3　　**黄淮海粮食主产区粮食生产直接费用的年际变化**　　（单位：元）

年份	小麦生产直接费用	玉米生产直接费用	年份	小麦生产直接费用	玉米生产直接费用
1979	29.36	20.13	1997	187.94	109.47
1980	29.42	19.87	1998	179.98	97.08
1981	30.92	21.53	1999	183.26	100.01
1982	34.77	21.15	2000	168.85	92.63
1983	36.93	20.74	2001	164.00	100.61
1984	40.46	21.35	2002	171.64	115.13
1985	43.52	22.62	2003	164.41	103.79
1986	44.27	23.31	2004	191.03	133.28
1987	48.72	27.52	2005	225.05	148.84
1988	58.19	32.91	2006	244.80	158.69
1989	72.93	40.29	2007	256.80	173.90
1990	84.01	47.90	2008	286.07	218.05
1991	82.73	41.33	2009	327.85	201.57

续表

年份	小麦生产直接费用	玉米生产直接费用	年份	小麦生产直接费用	玉米生产直接费用
1992	86.93	45.87	2010	323.79	217.43
1993	92.48	46.82	2011	366.26	265.69
1994	111.04	68.55	2012	402.31	303.85
1995	150.67	101.69	2013	420.41	308.67
1996	182.85	105.62			

玉米生产的直接费用也随农业生产的发展不断提高，但是增加幅度明显小于小麦的增加幅度。同以50元为一增长单位，1994年玉米生产的直接费用为68.55元/亩，比小麦生产直接费用首次高于50元的年份推后6年，1995年玉米生产的直接费用（101.69元/亩）首次突破100元，但较同年小麦生产的直接费用（150.67元/亩），仍处于较低水平。之后玉米生产的直接费用变动的幅度较小，直到2006年玉米生产的直接费用才首次高于150元，比小麦生产直接费用首次高于150元的年份推后11年。2008年玉米生产的直接费用首次高于200元，2009年玉米生产的直接费用为当年小麦生产直接费用的61.48%，2013年玉米生产的直接费用为308.668元，比同年小麦生产的直接费用少111.742元。

运用公式 $[(X_{i+1} - X_i) / X_i] \times 100\%$，对小麦生产和玉米生产1978—2013年的直接费用的全序列数据分析表明：小麦生产直接费用增加的年数为28个，比例为82.35%，直接费用减少的年数为6个，比例为17.65%；增加年份的年平均增加率为11.14%，减少年份的年平均减少率为3.66%，即小麦生产直接费用的年均波动率在±12%的范围之内。玉米生产直接费用增加的年数为26个，比例为76.47%，直接费用减少的年数为8个，比例为23.53%；增加年份的年平均增加率为14.17%，减少年份的年平均减少率为6.85%，即玉米生产直接费用的年均波动率在±15%的范围之内。根据运算和图3-13可知，小麦生产直接费用增加的年数多于玉米生产直接费用增加的年数，玉米直接费用的变动幅度（1995，48.35%；1991，-13.72%）要大于小麦直接费用的变动幅度（1995，35.70%；2000，−7.86%）。

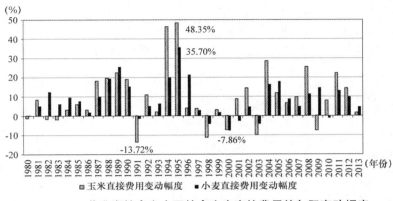

图 3 - 13　黄淮海粮食主产区粮食生产直接费用的年际变动幅度

（二）粮食生产的间接费用和人工费用

根据表 3 - 4 所示，除 1991 年、2007 年、2008 年这三个年份的玉米生产的间接费用高于小麦生产的间接费用，其他年份小麦生产的间接费用一直高于玉米生产的间接费用，以 5 元为一增长单位，1985 年小麦生产的间接费用为 5.536 元/亩，1992 年小麦生产的间接费用为 10.062 元/亩，1995 年小麦生产的间接费用为 15.176 元/亩，但是 1998—2002 年这一阶段，小麦的间接生产费用一直处于下降状态。直到 2004 年，小麦生产的间接费用猛增至 21.4 元/亩。但是后续几年小麦生产的间接费用仍处于较低水平（≤10 元），直到 2012 年，小麦生产的间接费用才再次高于 10 元/亩。

表 3 - 4　　　　黄淮海粮食主产区粮食生产间接费用和
人工成本的年际变化（单位：元）

年份	小麦		玉米	
	间接费用	人工成本	间接费用	人工成本
1979	4.21	24.14	3.88	22.59
1980	4.27	22.75	3.87	20.24

续表

年份	小麦		玉米	
	间接费用	人工成本	间接费用	人工成本
1981	4.28	23.40	3.61	22.76
1982	3.81	19.89	3.48	17.90
1983	4.47	18.36	4.21	16.70
1984	4.80	24.49	4.20	24.18
1985	5.54	21.90	3.93	22.23
1986	4.54	20.97	4.11	23.17
1987	4.88	26.45	4.45	30.13
1988	5.70	27.86	5.21	34.89
1989	6.74	37.43	6.64	40.09
1990	8.20	38.63	6.50	47.97
1991	7.63	44.33	8.52	50.51
1992	10.06	48.44	8.81	56.70
1993	10.08	48.65	9.16	59.41
1994	12.48	61.47	10.89	76.33
1995	15.18	87.07	13.83	101.63
1996	16.26	114.27	14.34	141.04
1997	17.12	110.80	14.09	141.00
1998	13.24	94.86	11.46	118.39
1999	12.81	91.83	11.26	106.44
2000	12.20	87.40	11.31	109.40
2001	10.90	84.03	9.79	108.58
2002	10.04	85.74	9.15	110.22
2003	10.39	77.50	9.08	103.26

续表

年份	小麦		玉米	
	间接费用	人工成本	间接费用	人工成本
2004	21.40	91.47	20.75	112.85
2005	7.02	96.51	6.66	125.22
2006	5.08	99.10	4.61	129.14
2007	4.60	106.85	4.91	138.86
2008	4.74	115.85	5.04	150.84
2009	6.60	128.11	5.47	165.61
2010	7.91	154.92	5.58	202.76
2011	9.07	197.97	5.72	249.26
2012	10.80	253.25	6.57	341.41
2013	11.45	298.73	8.31	382.92

玉米生产的间接费用随玉米产量的变化而不断变动，但是整体变动幅度较小。同以 5 元为一增长单位，1988 年玉米生产的间接费用为 5.21 元/亩，比小麦生产间接费用首次高于 5 元的年份推后 3 年，1994 年玉米生产的间接费用（10.89 元/亩）首次突破 10 元，但较同年小麦生产的间接费用（12.48 元/亩），仍处于较低水平。自 1996 年到 2003 年，玉米生产的间接费用一直处于下降状态，在一定程度上缓解了农民种植玉米的经济成本压力。但是在 2004 年，玉米生产的间接费用快速升至 20.75 元/亩，之后又快速下降至 4.6 元/亩（2006）。直至 2013 年，玉米生产的间接费用才缓慢上升至 8.31 元/亩。

运用公式 $[(X_{i+1} - X_i) / X_i] \times 100\%$，对小麦生产和玉米生产 1978—2013 年的间接费用的全序列数据分析表明：小麦生产间接费用增加的年数为 23 个，比例为 67.65%，间接费用减少的年数为 11 个，比例为 32.35%；增加年份的年平均增加率为 17.71%，减少年份的年平均减少率为 17.23%，即小麦生产间接费用的年均波动率在

±18%的范围之内。玉米生产间接费用增加的年数为 20 个，比例为 58.82%，间接费用减少的年数为 14 个，比例为 41.18%；增加年份的年平均增加率为 17.96%，减少年份的年平均减少率为 11.49%，即玉米生产间接费用的年均波动率同小麦类似，同样在 ±18% 的范围之内。根据运算可知，小麦生产间接费用增加的年数多于玉米生产间接费用增加的年数，玉米间接费用整体的变动幅度（2004，128.60%；2005，-67.92%）要大于小麦间接费用的变动幅度（2004，106.01%；2005，-67.20%）。

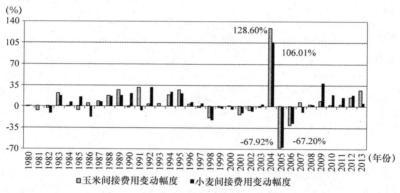

图 3-14　黄淮海粮食主产区粮食生产间接费用的年际变动幅度

同玉米生产的物质费用一直低于小麦生产的物质费用的情况不同，玉米生产的人工费用只有在 1979 年到 1984 年这一期间低于小麦生产的人工费用，自 1985 年开始，玉米生产的人工费用一直高于小麦生产的人工费用。同以 50 元为一增长单位，1991 年玉米生产的人工费用首次多于 50 元，为 50.51 元/亩，早于小麦生产的人工费用首次多于 50 元（1994 年，61.47 元/亩）3 年，在 1995 年玉米生产的人工费用首次超过 100 元/亩，此后玉米生产的人工费用一直高于 100 元，在 2008 年玉米生产的人工费用超过 150 元，并逐年较大幅度递增，2010 年超过 200 元/亩，2013 年超过 350 元/亩，为 382.92 元/亩。而小麦生产的人工费用除了 1996 年、1997 年超过 100 元/亩，直到 2007 年，小麦生产的人工费用才超过 100 元/亩，2010 年小麦生产的人工费用超过 150 元/亩，2013 年的人工成本为 298.73 元/亩，较之玉米低将近 90 元。

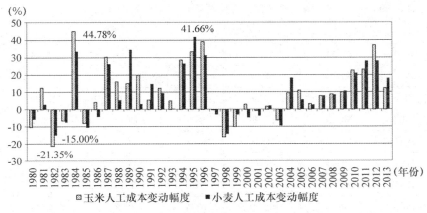

图 3 - 15　黄淮海粮食主产区粮食生产人工成本的年际变动幅度

运用公式［（X_{i+1} - X_i）/X_i］×100%，对小麦生产和玉米生产 1978—2013 年的人工费用的全序列数据分析表明：小麦生产人工费用增加的年数为 23 个，比例为 67.65%，人工费用减少的年数为 11 个，比例为 32.35%；增加年份的年平均增加率为 16.46%，减少年份的年平均减少率为 -7.47%，即小麦生产间接费用的年均波动率在 ±17% 范围之内。玉米生产人工费用增加的年数为 25 个，比例为 73.53%，人工费用减少的年数为 9 个，比例为 26.47%；增加年份的年平均增加率为 16.51%，减少年份的年平均减少率为 8.86%，即玉米生产间接费用的年均波动率同小麦类似，同样在 ±17% 的范围之内。根据运算可知，玉米生产人工费用增加的年数多于小麦生产人工费用增加的年数，玉米人工费用整体的变动幅度（1984，44.78%；1985，-21.35%）要大于小麦间接费用的变动幅度（1995，41.66%；1982，-15.00%）。

（三）粮食生产成本分析

根据表 3 - 5 所示，小麦生产的总成本一直高于玉米生产的总成本，并且 1996—2000 年和 2006—2011 年这两个时期，每个生产年份小麦生产的总成本都比玉米生产的总成本高出 50 元以上。按地区计算，每个省的小麦生产的总成本均高于玉米生产的总成本。

表 3 - 5　　　　黄淮海粮食主产区粮食生产总成本的年际变化　　（单位：元）

年份	小麦总成本	玉米总成本	年份	小麦总成本	玉米总成本
1979	57.71	46.6	1999	287.9	217.71
1980	56.44	43.98	2000	268.45	213.34
1981	58.6	47.9	2001	258.93	218.98
1982	58.47	42.53	2002	267.42	234.5
1983	59.76	41.65	2003	252.3	216.13
1984	69.75	49.73	2004	303.9	266.88
1985	70.96	48.78	2005	328.58	280.72
1986	69.78	50.59	2006	348.98	292.44
1987	80.05	62.1	2007	368.25	317.67
1988	91.75	73.01	2008	406.66	373.93
1989	117.1	87.02	2009	462.56	372.65
1990	130.84	102.37	2010	486.62	425.77
1991	134.69	100.36	2011	573.3	520.67
1992	145.43	111.38	2012	666.36	651.83
1993	151.21	115.39	2013	730.59	699.9
1994	184.99	155.77	安徽	245.05	208.843
1995	252.92	217.15	河北	238.498	201.5046
1996	313.38	261	河南	253.626	216.8089
1997	315.86	264.56	江苏	241.922	205.378
1998	288.08	226.93	山东	249.592	213.1029

运用公式 [（X_{i+1} - X_i) / X_i] ×100%，对小麦生产和玉米生产 1978—2013 年的总成本的全序列数据分析表明：小麦生产总成本增加的年数为 27 个，比例为 79.41%，总成本减少的年数为 7 个，比例为 20.59%；增加年份的年平均增加率为 11.86%，减少年份的年平

均减少率为 3.61%，即小麦生产总成本的年均波动率在 ±12% 的范围之内。玉米生产总成本增加的年数为 25 个，比例为 73.53%，总成本减少的年数为 9 个，比例为 26.47%。增加年份的年平均增加率为 14.91%，减少年份的年平均减少率为 5.12%，即玉米生产总成本的年均波动率在 ±15% 的范围之内。根据运算可知，小麦生产总成本增加的年数多于玉米生产总成本增加的年数，玉米生产总成本的变动幅度（1995，39.40%；1998，−14.22%）要大于小麦生产总成本的变动幅度（1995，36.72%；2000，−8.80%）。

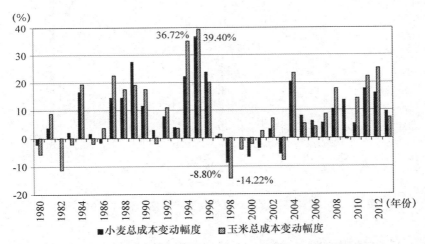

图 3 − 16　黄淮海粮食主产区粮食生产总成本的年际变动幅度

二　粮食生产收益

（一）单位面积总收益

如图 3 − 17 所示小麦产值从 1979 年的 79.09 元上升到 2013 年的 956.91 元，产值增长了 12.10 倍，年均递增 9.35%。34 年的小麦产值呈 "N" 形波动发展，即 "产值增加—产值减少—产值增加"。以 100 元为一增长单位，小麦产值首次突破 100 元、200 元、300 元、400 元、500 元的年份分别是 1984 年、1992 年、1994 年、1995 年、1996 年，由此可见在 20 世纪 90 年代初期小麦产值的增加幅度较大，增加速度也较快。这一时期农户种植小麦能够获得较高收入，但是在1998—2003年，小麦产值处于波动下降的状态，尤其是2002年的小麦产值跌至306元，较大程度打击了农民种植小麦的生产积极性。自2003年开始，小麦产值进入恢复性增长时期，2004年小麦产值重新突破500元，达到历史最高点，为574.63元。

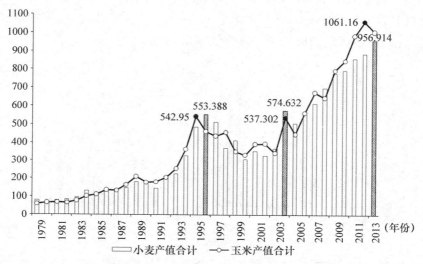

图3-17　黄淮海粮食主产区粮食生产产值变化（单位：元）

玉米产值从1979年的60.16元增加到2013年的1004.85元，产值增长了16.70倍，年均递增10.19%。34年间玉米产值的发展轨迹同小麦产值的发展轨迹类似，同样经历了"产值增加—产值减少—产值增加"的发展过程。同以100元为一增长单位，玉米产值首次突破100元、200元、300元、500元的年份分别是1984年、1989年、1994年、1995年，但是在1979—1987年，玉米的产值始终低于小麦产值，说明这一期间玉米除了粮食属性，还没有被挖掘出其他的商品属性。自1988年开始，只有9个生产年份的玉米产值低于小麦的产值，其余的17个生产年份的玉米产值均高于小麦产值，在2012年，玉米产值与小麦产值的差距达到历史最大值，为175.8元。

运用公式 $[(X_{i+1}-X_i)/X_i]\times100\%$，对1978—2013年的小麦

产值和玉米产值的全序列数据分析表明：小麦产值增加的年数为 24 个，比例为 70.59%，产值减少的年数为 10 个，比例为 29.41%；增加年份的年平均增加率为 18.41%，减少年份的年平均减少率为 12.39%，即小麦产值的年均波动率在 ±18% 的范围之内。玉米产值增加的年数为 23 个，比例为 67.65%，产值减少的年数为 11 个，比例为 32.35%；增加年份的年平均增加率为 19.73%，减少年份的年平均减少率为 9.74%，即玉米产值的年均波动率在 ±20% 的范围之内。

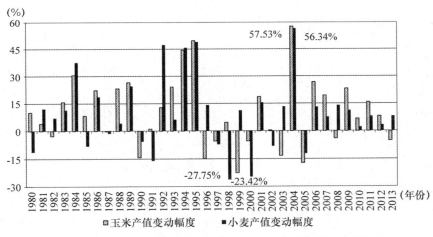

图 3-18　黄淮海粮食主产区粮食生产产值的年际变动幅度

（二）单位面积纯收益比较分析

如图 3-19 所示小麦产值从 1979 年的 21.38 元增加到 2013 年的 226.32 元，产值增长了 10.58 倍。这 34 年的小麦纯收益呈现出不同的增长状态，以 1996 年为界，从 1979 年到 1996 年，除 1991 年的小麦纯收益下降幅度较大以外，其他年份的小麦的纯收益处于缓慢小幅增加状态。但是在 1997—2003 年，小麦生产纯收益处于较大幅度波动下降的状态，尤其是 2002 年的小麦生产纯收益跌至 37.54 元，较大程度地打击了农民种植小麦的生产积极性。自 2004 年开始，小麦产值进入恢复性增长时期，2010 年小麦生产纯收益为 314.97 元，为目前历史最高水平。

　　玉米产值从 1979 年的 13.56 元增加到 2013 年的 304.95 元，产值增长了 22.48 倍。与小麦生产纯收益相比，玉米生产纯收益在大部分生产年份高于小麦生产纯收益。从 1979 年到 1995 年，玉米生产纯收益处于较大幅度较快速的增长状态，到 1995 年达到 325.8 元的历史最高水平。但是从 1996 年开始，玉米生产纯收益处于较大幅度波动的状态。

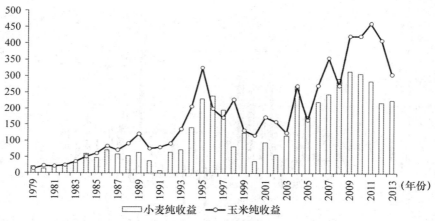

图 3-19　黄淮海粮食主产区粮食纯收益变化（单位：元）

第四节　本章小结

　　黄淮海平原在长期的农业生产尤其是粮食生产的发展过程中，充分利用了独特的包括气候、土地等在内的自然优势，同时又充分利用和发展了包括粮食品种培育、农业教育与科技、交通等方面的"后天"社会经济优势条件。在近 20 年的小麦、玉米的生产过程中，5 个省份粮食在波动中经历了速度不一的增长过程，整体是波浪形上升的发展态势，作为我国重要的农业经济区和粮食主产区，肩负着保障国家粮食安全的重要任务。

　　随农业生产的发展，粮食生产的物质费用在不断地提高，并且小麦生产的物质费用一直高于玉米生产的物质费用。根据运算可知，小麦生产物质费用增加的年数多于玉米生产物质费用增加的年数。同玉米生产的物质费用一直低于小麦生产的物质费用的情况不同，玉米生产的人工费用只有在 1979 年到 1984 年这一期间低于小麦生产的人工费用，自 1985 年开始，玉米生产的人工费用一直高于小麦生产的人工费用，并且玉米生产人工费用增加的年数多于小麦生产人工费用增加的年数。

在 34 年中，每亩粮食产值呈"N"形波动发展，经历了"亩产值增加—亩产值减少—亩产值增加"的发展轨迹。玉米亩产值的增长倍数和年均增长幅度均高于小麦亩产值的增长倍数和年均增长幅度。

第四章　黄淮海粮食主产区农户土地经营行为

土地是农业生产最重要的投入要素，也是农户赖以生存的基本生产资料。农户土地经营行为和自家农产品种植规模的大小直接影响着其他农业生产要素的投入规模和结构，最终决定家庭农业生产效益。

从微观层面看，农户进行农业规模经营是为了追求家庭经营性收入的最大化。因此，能够尽可能实现家庭经营性收入最大化的土地规模，对于农户就是最合适的。从宏观层面看，政府追求的是农业宏观利益最大化，包括农业的宏观经济利益和社会利益最大化。土地资源的稀缺性决定了农业经济增长不能单纯依靠增加土地的投入，而是通过使用先进的农业科学技术，不断提高农产品的附加值，进而提升土地的产出率。因此实现农业宏观经济利益最大化的主要途径是实现单位面积收益的最大化。

理论分析证明，农户经营规模的选择和政府希望的规模之间存在一定的差距，因此会产生农户与政府、个体与社会的利益博弈。怎样才能既提高农户收入又能提高农业整体效益就成了政府相关工作人员、农业经济研究人员所关注的重点问题。本书打算从外在表现、内在心理两方面去系统分析他们对土地经营行为的认知，以及相应的影响因素等问题，对于掌握粮食主产区的农户土地经营行为产生机理和规律，为政府制定农业、农业用地等方面的宏观调控政策具有现实的参考意义。

第一节　黄淮海粮食主产区的土地利用情况

截至 2012 年末，黄淮海粮食主产区的农作物播种面积共有

5053.22 万公顷，占全国农作物播种总面积的 30.92%。其中粮食播种面积为 3226.41 万公顷，占全区农作物播种面积的 63.85%。其中，河南的粮食播种面积为 9152.8 千公顷，山东省的粮食播种面积为 6793.7 千公顷，共占全区粮食播种面积的 49%。从土地利用结构可以得出，全区的耕地利用方向是以粮食作物为主，各省的粮食播种面积占各省农作物面积的比例均在 70% 左右（见表 4－1）。

　　除粮食作物之外，5 省的农业种植结构略有不同。蔬菜播种面积占各省农作物面积比例仅次于粮食播种面积占各省农作物面积的比例的省份有河北、江苏、山东、河南。江苏、山东的蔬菜播种面积占各自省份农作物面积的比例高于 15%。安徽的油料播种面积占农作物播种面积的比例高于蔬菜播种面积占农作物面积的比例，为 9.4%，是安徽省第二大农作物。江苏、山东、河南三省油料播种面积比例均排各自省份的第三位，河北排名第三的是棉花。

表 4－1　　　　　　黄淮海粮食主产区土地的主要利用结构

排名	河北种类	比例（%）	江苏种类	比例（%）	安徽种类	比例（%）	山东种类	比例（%）	河南种类	比例（%）
1	粮食	71.8	粮食	69.7	粮食	73.8	粮食	66.3	粮食	70
2	蔬菜	13.7	蔬菜	17.3	油料	9.4	蔬菜	16.6	蔬菜	12.1
3	棉花	6.6	油料	6.9	蔬菜	9	油料	7.3	油料	11
4	油料	5.2	棉花	2.2	棉花	3.4	棉花	6.3	瓜果	2.3
5	瓜果	1.2	瓜果	1.9	瓜果	1.9	瓜果	2.6	棉花	1.8
6	糖料	0.2	烟叶		糖料	0.1	烟叶	0.4	烟叶	0.9
7	烟叶		糖料		烟叶	0.1	糖料		糖料	

第二节　黄淮海粮食主产区农户土地经营行为调查分析

一　调查思路与内容

　　进行农户调查的目的首先是了解研究地区农户的土地经营行为，分析农户个体行为的差异，更重要的是能够通过个体行为的统计分析，在整体上把握研究区域内和区域外围的各种因素对农户行为的影响，进而多角度、多层面地分析农户行为的个体特征和形成机制，能够引导农户在从事各种农业生产时更科学、更合理、更高效。因此在进行农户调查的过程中，需要保证能够体现调查样本的多样性特征，如不同收入水平、不同地域环境、不同经营特点下的农户会有什么样的生产行为。

基于以上的研究目的，并考虑地理位置和经济发展水平的差异以保证调查的代表性。调查样本覆盖了我国黄淮海粮食主产区的山东、河南、河北、安徽四省的 15 个县，总样本数为 340 户。在调查方法上，首先由村干部和村民代表通过参与式评估确定农户的贫富等级，然后在富裕户、中等户和贫困户中随机抽取一定的比例进行入户调查。问卷调查采用深度访谈的方式，共计回收有效问卷 302 份。调查中重点了解 2010 年到 2013 年这几年中农户家庭土地经营情况。

根据研究目的，关于农户土地经营行为的调查内容主要为以下 3 个方面：

1. 农户家庭基本状况，主要包括家庭人口数量、家庭收入的多少和结构、户主的受教育程度、家庭主要劳动力的数量和受教育程度等。

2. 农户土地经营与流转情况，包括家庭承包土地数量、土地的细碎化程度、土地利用结构、农民对于土地流转的态度和实际操作等。

3. 农户经营土地的主要目标，农户对于土地经营风险、农产品价格变化的反应和态度，农户对于政府政策的态度、看法等。

在调查中主要是对最近几年土地承包和农业生产情况进行详细了解，但是在调查中由于农户经营目标、态度等有关内容比较抽象，不能完全以调查问卷结果的形式表达，因此在农户访谈过程中通过调查人员与农户进行良好、有效的沟通，从而能够较好了解农户的各种表达和诉求。

二 主要调查结果

（一）样本农户基本特征

样本农户户主的年龄大多在 45 岁以上，占样本总数的 61.51%。这与我国目前农村劳动力结构基本一致。45 岁以下的农村劳动力多数在城镇从事第二、三产业。

样本农户的户主学历水平普遍较低，57.24% 的户主接受了完整的 9 年义务教育之后没有选择继续求学，调查样本中 20.07% 的人在

完成九年义务教育之后继续接受了更高层次的教育，其中只有
3.29% 的人具有大专及以上学历。

样本农户家中承包土地面积在 8 亩以下（含 8 亩）的户数为 188
户，8.01 亩到 15 亩（含 15 亩）的户数为 75 户，15 亩以上的为 49
户，其中家中承包 30 亩以上的农户有 17 户。

（二）样本农户家庭土地承包及经营情况

由表 4 - 2 可知，全部样本农户户均土地承包面积为 10.22 亩，
其中家庭承包土地最小面积是 1 亩，最大是 62 亩。从地区差异来看，
人口数量和人口密度决定了户均土地规模的大小。2013 年，河南和
山东的人口总数为全国第二、第三位，因此户均土地规模较小，河南
的户均承包土地为 7.13 亩，其中三分之二的农户的承包面积在 10 亩
以下，承包土地面积最多的一户也只有 15.5 亩；山东的户均承包土地
面积为 7.41 亩，其中四分之三的农户的承包面积在 10 亩以下，只有
10% 的农户的土地承包面积超过了 15 亩。河北的样本农户家庭土地承
包情况与山东、河南略有不同，户均承包土地面积高于 10 亩和低于 10
亩的比例均为 50%，承包面积超过 15 亩的农户占所有样本农户的
20%。安徽的人口总数与河北相近，但是安徽省整体处于平原地区，丘
陵较少，所以农户的户均承包土地面积较高。

表 4 - 2　　　　　受调查地区的农户承包土地面积概况　　　　（单位：亩）

	总体	山东	河北	安徽	河南
户均承包土地面积	10.22	7.41	11.25	31.02	7.13
最小承包土地面积	1	1	1	4.5	2.4
最大承包土地面积	62	44.5	46.5	62	15.5

从土地经营方式上看，山东的农户利用土地的主要方式是进行粮
食种植，只有 16% 的农户拿出土地进行非粮食作物种植。在这 16%
的农户中，64% 的农户利用土地进行蔬菜种植，15% 的农户进行水果
的种植，13% 的农户种植花生，有 6% 的农户进行苗木种植，2% 的
农户进行棉花种植。整体分析山东农户的土地利用方式比较单一，以
粮食种植为主，经济类作物为辅。具体见图 4 - 1。

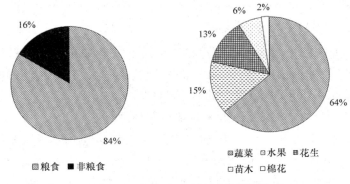

图 4 - 1   山东农户利用土地的主要方式

河北的农户利用土地的主要方式同样是进行粮食种植，但是进行非粮食作物种植的农户的比例高于山东，为 24%。在这 24% 的农户中，62% 的农户利用土地选择棉花作为主要种植作物，17% 的农户进行水果的种植，21% 的农户进行花生的种植。整体分析河北农户的土地利用方式比山东的农户略微复杂，说明河北省的粮食主产的地位要低于山东，但仍以粮食种植为主，经济类作物为辅。具体见图 4 - 2。

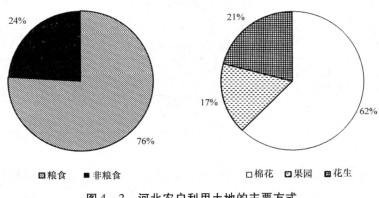

图 4 - 2   河北农户利用土地的主要方式

河南的农户利用土地的主要方式同样是进行粮食种植，但是进行非粮食作物种植的农户的比例较高，为 38%。在这 38% 的农户中，47% 的农户选择棉花作为主要种植作物，20% 的农户进行蔬菜的种植，33%

的农户进行花生的种植。整体分析河南农户的土地利用方式较为合理，以粮食种植为主，经济类作物的种植比例较高。具体见图4-3。

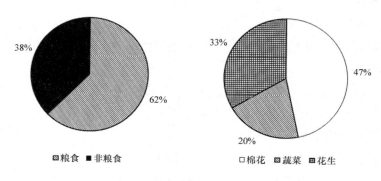

图4-3　河南农户利用土地的主要方式

安徽的农户利用土地的主要方式同样是进行粮食种植，但是进行非粮食作物种植的农户的比例低于河南但高于河北和山东，为29%。在这29%的农户中，31%的农户选择油菜作为主要种植作物，37%的农户选择经济林木作为主要的种植对象，13%的农户进行花卉的种植，19%的农户选择蔬菜作为种植对象。整体分析安徽农户的土地利用方式较为合理，以粮食种植为主，经济作物的种植比例较高，并且具有鲜明的南方特色。具体见图4-4。

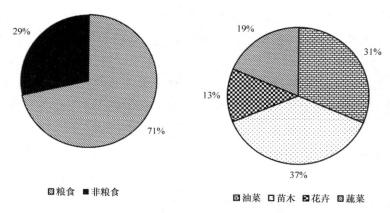

图4-4　安徽农户利用土地的主要方式

（三）农户土地经营行为特征

第一，以粮食种植为主、农产品多样化成为目前粮食主产区农户土地经营行为的重要特征。随着市场经济的发展，城乡居民的物质需求在逐渐多样化和复杂化，同时，农业产业结构在适应市场需求的经济驱动下不断优化、升级。

根据调查样本的情况分析，从20世纪90年代末开始，绝大多数样本农户开始逐步摆脱经营结构单一的局面，尝试农业多种经营。具体形式上，除了种植传统意义上的蔬菜、瓜果等经济作物，部分农户利用土地进行较大规模的特种经济作物生产。特别是近年来，随着国家对农业生产的重视程度逐步提高，对农业生产投入了较多的研发资金和技术支持，在一定程度上降低和分散了农户利用土地进行较大规模种植特种经济作物的风险，这就是现阶段粮食主产区农户土地经营出现多样化趋势的原因。

第二，以市场需求为导向是农户土地经营决策的基本准则。随着现代市场经济制度的发展和完善，农产品的生产体系、物流体系、销售体系日趋完善，多数农产品的生产不仅能够满足当地居民的生产、生活需要，更多的农产品在区域市场、全国市场，甚至是国际市场进行流通和销售。符合市场需求的优质农产品得到市场认可，进而促使农业生产结构进行适应性调整。根据农户个体的土地经营情况分析，市场需求和农产品价格的变化对农户经营决策具有较强的影响力。农户主动地瞄准市场，顺势而为，不断地调整农产品种植结构，调整生产经营策略。

第三，现代化的经营方式已成为农户土地经营行为的主要取向。目前，现代化的生产和经营方式已经被大多数农户所接受和采纳，并且能够较为灵活地运用在农业生产经营活动之中。

在农产品市场竞争日趋激烈的大背景之下，农户对于农产品生产的质量意识和品牌意识迅速增强，在保证农产品产量能够逐步提高的同时，开始注重通过农业技术的应用提高农产品品质。另外，农业生产的机械化程度不断提高。在山东、河南、河北等冬小麦主产区，冬小麦的播种、灌溉、施肥、收割等多项生产作业都能够实现机械化。玉米、水稻生产的机械化程度也比较高，但是在南方丘陵地区，相对来讲粮食生产机械化难以普及。

另外，适合土地集中的土地流转现象在调查地区已经非常普遍，土地流转方向多样化、复杂化趋势明显。很多农户开始不以通过农产品销售获得的经营性收入作为家庭收入的主要来源，而是通过土地流转获得相应的财产性收入作为家庭收入的重要部分。这一现象符合农业现代化、新型城镇化的社会发展趋势。

第四，规模化、产业化趋势不明显。从已有年鉴得知，改革开放后黄淮海粮食主产区的耕地面积基本没有变化。由于黄淮海粮食主产区人口较为稠密，大中型城市和区域中心城市数量较多，因此在农村能够进行农业生产的土地规模与东北地区相比，明显偏小，而且较零碎和分散，土地进行规模化生产和产业化经营的先决条件较差。只有个别的专业经营农户将规模化生产、产业化经营作为自身生产的目标定位，特别是位于交通较为发达地区的小城镇地区的农户，他们在蔬菜、瓜果、食用菌、花卉苗木、蚕桑等经济作物生产上呈现出一定的规模化特征，但整体而言，这种现象在近几年内处于一种较稳定状态，并没有出现扩张倾向。

（四）样本农户家庭土地流转情况

据调查，山东参与土地流转的农户总数占样本总数的 20.57%。在这 20.57% 的农户中，只有 21% 的农户在土地流转的过程中得到了所在村组的同意；79% 的农户没有获得所在村组的同意，私下进行土地的流转。就流转方向分析，63% 的农户将土地流转给本村本组的其他农户；25% 的农户将土地流转给本村其他生产小组的农户；12% 的农户将土地流转给其他村庄或者是外地进行农业开发的企业或个人。进行土地流转的农户双方，74% 的参与人形成了口头或书面约定，给予转出方相应的实物或金钱报酬。所有的农户对自家土地的流转约定了具体的期限，约定期限为 15 年以下的农户占比为 90%。具体见图4 - 5。

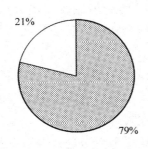
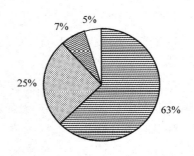

■未经村组同意自己处理 □经村组同意　　　　■本组 ■本村外组 ■本镇（乡）外村 □其他

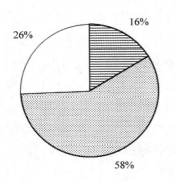
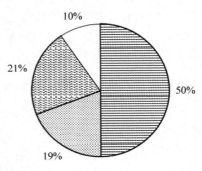

■口头 ■书面 □没有约定　　　　■5年以下 ■5—9年 ■10—14年 □15—30年

图 4 - 5　山东农户土地流转的主要情况

　　在调查样本中，河北参与土地流转的农户占样本总数的19%。在这19%的农户中，只有8%的农户在土地流转时得到了所在村组的同意；25%的农户是通过中间人介绍进行土地流转；67%是私下进行了土地的流转。就流转方向分析，有17%的农户将土地流转给本村本组的其他农户；75%的农户将土地流转给本村其他生产小组的农户；8%的农户将土地流转给其他村庄或者是外地进行农业开发的企业或个人。进行土地流转的农户双方，92%的参与人形成了口头或书面约定，给予转出方相应的实物或金钱报酬。63%的农户对自家土地的流转约定了具体的期限，1 - 15 年不等；37%的农户则没有进行具体的约定期限。具体见图 4 - 6。

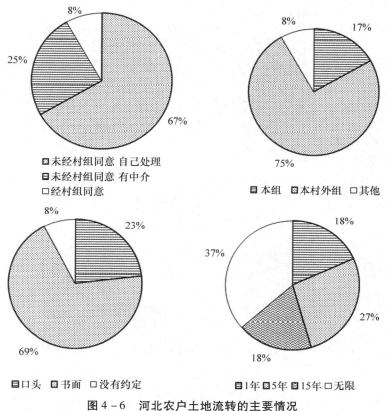

8%

25%

67%

■未经村组同意 自己处理
■未经村组同意 有中介
□经村组同意

8% 17%

75%

■本组 ■本村外组 □其他

8% 23%

69%

■口头 ■书面 □没有约定

18%

37%

27%

18%

■1年 ■5年 ■15年 □无限

图4-6 河北农户土地流转的主要情况

根据在河南的调查,河南参与土地流转的农户占样本总数的
31%。在这31%的农户中,52%的农户在土地流转时获得了所在村
组的同意;12%的农户是私下进行土地的流转;36%农户的土地流转
是通过中间人作保完成的。就流转方向分析,16%的农户将土地流转
给本村本组的其他农户;60%的农户将土地流转给本村其他生产小组
的农户;24%的农户将土地流转给其他村落或者是外地进行农业开发
的企业或个人。进行土地流转的农户双方,88%的参与人形成了口头
或书面约定,给予转出方相应的实物或金钱报酬(以金钱报酬居
多)。所有的农户对自家土地的流转约定了具体的期限,约定期限为
15年以下的农户占比为72%。具体见图4-7。

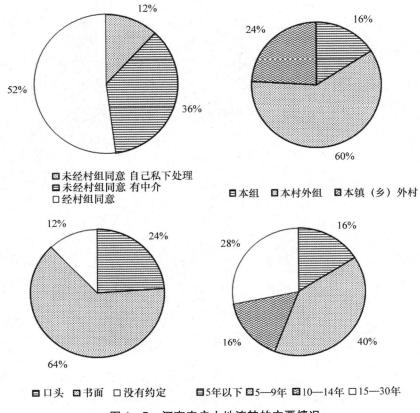

图4-7   河南农户土地流转的主要情况

在安徽进行调查时，安徽参与土地流转的农户总数占样本总数的45%，整体比例较高。在这45%的农户中，43%的农户在土地流转时获得了所在村组的同意；37%的农户是私下进行土地的流转；20%农户的土地流转是通过中间人作保完成。就流转方向分析，30%的农户将土地流转给本村本组的其他农户；40%的农户将土地流转给本村其他生产小组的农户；30%的农户将土地流转给其他村庄或者是外地进行农业开发的企业或个人。进行土地流转的农户双方，72%的参与人形成了口头或书面约定，给予转出方相应的实物或金钱报酬（以实物报酬居多）。所有的农户对自家土地的流转约定了具体的期限，约定期限为15年以下的农户占比为85%。具体见图4-8。

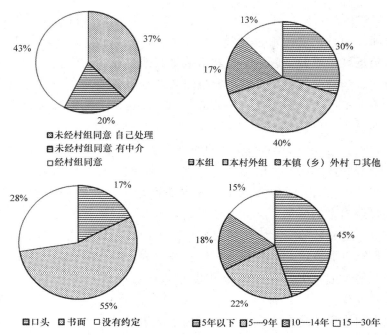

图 4 - 8　安徽农户土地流转的主要情况

（五）样本农户家庭土地流转的动因分析

土地流转的顺利进行取决于土地转出农户和流入农户双方的相互作用，包括他们对于各自拥有土地的经营规划、流转意愿、现有生产要素的约束等。从以上对农户流转土地规模的分析可以看出，对于具有一定流转条件的农户，流转的主要是除去家庭必须保留的土地之外，面积较小的一部分，大部分流转农户的流转土地面积占比在 35% 以下，而且所有进行土地流转的农户家庭原先承包的土地面积比较大，（调查样本中农户承包面积均在 8 亩以上）。当所有这些条件都满足之后，农户才有物质保证和心理准备进行土地流转。

对于转入土地的农户，他们首先要有扩大土地经营的意愿，其次在劳动力、资金等生产要素方面要有较为充足的存量。通过在与样本农户的交流中得知，转入土地的农户并没有主动联系土地转出方，在许多情况下，都是带有帮助性质，帮助家中缺少青壮劳动力的亲戚进行土地经营。

通过调查得知，在调查地区，几乎没有农户认为自己有长期的闲暇时间。而是在进行粮食种植之外，大部分的青壮年劳动力都在本地、附近城镇或者是区域中心城市从事其他行业的工作，男性主要以建筑业、运输业为主，女性主要以家政业、服务业为主，也有很多年轻人进入工厂成为产业工人。大部分的农业劳动力都在农闲时期获得工资性收入，目前农户的工资性收入占整个农户家庭收入的比例在40%以上。这表明只有在特定的时期和阶段内，存在农业剩余劳动力。随着农业生产能力的提高，特别是平原地区农业机械化的逐步普及，多余劳动力才被解放出来。如果邻近地区存在较多的就业机会，这些多余出来的劳动力会立刻被吸纳。

从土地流转的实际发生情况分析，土地转出现象主要是出现在家庭成员从事非农产业的农户，特别是在家庭中所有的劳动力都从事非农产业的家庭（尤其是在外地从事非农产业的农户）土地流转现象更容易发生。在土地流转样本中，这部分农户占比为62.5%。对于这类农户来说，将自家农业劳动能力无法耕种的土地流转给农业劳动力相对充裕、愿意耕种自己土地的农户是他们的最优选择。对于以本地非农产业就业为主的农户来说，由于他们承包的土地规模有限，在休息日有充足的时间投入农业生产，即便在家中农业劳动力不足的情况下，也可以通过雇工或者换工的方式解决农业劳动时间暂时短缺的问题。农户通过农业劳动能够获得家庭生活所需的大部分农产品。因此，对于就近从事非农产业的农户，既能够获得家庭经营性收入和工资性收入，还能够获得农产品保证家庭日常生活，他们参与土地流转的动力不足。因此可以看出，农户家庭劳动力的非农就业率和外出就业地点与农户的土地流转有较强的相关关系。

（六）样本农户家庭对于未来土地经营的打算及原因

1. 样本农户家庭对于未来土地经营预期

在对农户未来土地经营的打算的调查中发现，在被调查的农户中，河南、河北超过83%的农户认为可以维持或扩大现有的土地经营规模，安徽、山东有78%的农户认为可以维持或扩大现有的土地经营规模。说明目前在广大的农村，土地依旧是农民生活的最主要来源，土地经营面积的大小决定了整个家庭的生活水平。也能够从侧面说明，在河南、河北的农村地区整体的经济不够发达，农户还难以脱离土地，从其他行业获取收入；而山东和安徽地区的经济发展水平相对较高，农民来自土地的经营性收入在家庭收入中所占的比例较低。河南、河北的农户只有不足17%的农户希望将土地流转出去，再一次证明了土地对于农户的生存意义。而山东、安徽超过20%的农户愿意将土地进行相应的流转进而获得财产性收入，说明这些地区的农户开始慢慢脱离土地，通过参与其他行业获得收入。具体见图4-9。

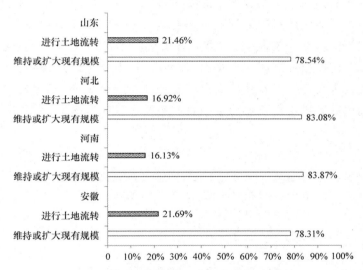

图4-9　黄淮海粮食主产区受调查农户对于未来土地经营的打算

2. 样本农户家庭对于未来土地经营预期的原因

通过调研可知，农户对于未来土地经营打算的原因在不同地区是有差异的。山东的农户认为在未来可以进行土地流转前两位原因与河北相同，即"有稳定的收入来源""跟随儿女养老"，占比分别是65.91%，36.36%，只有少数农户是因为年龄渐长无法进行重体力农业劳动而进行土地流转，但山东与河北农户不同的一个原因是，某些农户在家庭储蓄、生产技能达到较高水平之后，打算在其他地区进行较大规模的土地承包，进行规模化产业化生产。说明农户家庭拥有稳定的生活来源之后，能够加速土地流转现象的发生，甚至可以鼓励农户进行大规模土地承包，成为新型职业农民。而山东希望维持现有土地规模或者扩大土地承包面积的首要动力是"保证口粮"，占希望维持现有土地规模或者扩大土地承包面积的农户的60.87%，其次是"农产品价格上涨保证收入稳定"，占比为44.72%，第三位的原因是"农业补贴增多"，占比为24.22%。排名前三位的内容与河北相同，但重要程度不一。由于山东农业人口较多，人均耕地的面积较少，所以更重视家庭口粮的储存。而"农业基础设施完备、提高单产"成为排第四的扩大规模的理由，是因为目前山东整体的农业基础建设比较完善，多数生产过程都基本上可以实现机械化生产。"获地容易""作物轮作稳定土壤肥力""身体健康接受培训多"这三个原因，不是农户考虑的重要原因，说明山东的农户在考虑土地经营问题时，思考层次较为浅显。但有少数农户打算到外地搞大规模土地承包，说明山东农户开始用市场化思想考虑农业经营。具体见图4-10。

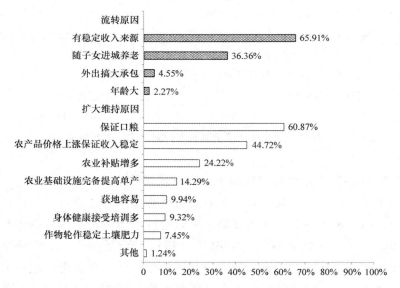

图4-10 山东受调查农户对于未来土地经营打算的原因

（此题可多选，故各得分项之和大于100%）

河北的农户认为在未来可以进行土地流转的首要原因是"有稳定

的收入来源"，占希望土地流转的农户的 63.64%，第二位原因是
"跟随儿女养老"，占比为 36.36%，只有少数农户是因为年龄渐长无
法进行重体力农业劳动而进行土地流转。说明农户家庭拥有稳定的生
活来源能够加速土地流转现象的发生。而希望维持现有土地规模或者
扩大土地经营面积的首要动力是"农产品价格上涨保证收入稳定"，
占希望维持现有土地规模或者扩大土地经营面积的农户的 74.07%，
其次是"农业补贴增多"，占比为 55.56%，第三位的原因是"保证
口粮"，占比为 35.19%。排名前三位的理由充分说明经济利益的驱
动促进农户进行农业生产经营。而"获地容易""作物轮作稳定土壤
肥力""身体健康接受培训多"这三个原因，并不是农户考虑的重要
原因，说明农户在考虑土地经营问题时，思考层次较为浅显，目光比
较狭隘，并没有把自身的土地经营行为与个人能力、农业生产环境保
护、土壤休整等可持续发展的因素联系起来。具体见图 4 - 11。

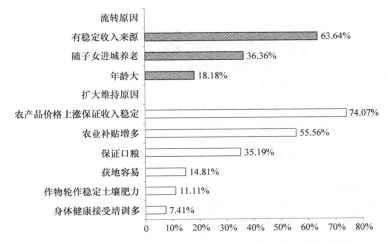

图 4 - 11　河北受调查农户对于未来土地经营打算的原因

（此题可多选，故各得分项之和大于100%）

　　河南的农户认为在未来可以进行土地流转的首要原因同样是"有
稳定的收入来源"，占希望土地流转的农户的 54%；第二位原因是
"跟随儿女养老"，占比为 33%，但也有较大比例的农户是因为年龄

渐长无法进行重体力农业劳动而进行土地流转。说明农户家庭拥有稳定的生活来源能够加速土地流转现象的发生。希望维持现有土地规模或者扩大土地经营面积的首要动力是"农业补贴增多",占希望维持现有土地规模或者扩大土地经营面积的农户的69.23%;与其并列的是"农产品价格上涨保证收入稳定";第三位的原因是"保证口粮",占比为46.15%。排名前三位的理由充分说明经济利益的驱动促进农户进行农业生产经营,而农业补贴在河南的广泛发放成为河南农户维持或扩大土地经营规模的最重要原因。而"获地容易""身体健康接受培训多""农业基础设施完备、提高单产"列第四、五、六位,同样不是农户考虑的重要原因。而最后一位的"作物轮作稳定土壤肥力"成为农户考虑的最不重要原因,是因为河南人均土地面积较少,基本上每年耕地都要进行农产品种植。可见在今后的农业生产之中,河南农户应该注重作物轮作进而恢复地力,实现农业的可持续发展。具体见图4-12。

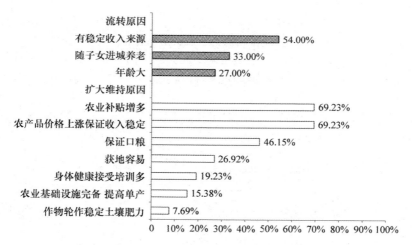

图4-12 河南受调查农户对于未来土地经营打算的原因

(此题可多选,故各得分项之和大于100%)

安徽的农户与其他省份的农户不同。认为在未来可以进行土地流转的首要原因是"年龄大",占打算进行土地流转的农户的54.00%;第二位原因是"有稳定的收入来源",占比为33.00%;第三位的是

"随子女进城养老"，占比为 27.00%。这个比例排序具有较为明显的安徽特色。首先，安徽作为人口输出大省，大部分农户家中的青壮年劳动力选择去上海、南京等大城市务工获取更高的工资性收入，因此大部分在家务农的劳动力在 55 岁以上，随着年岁渐长，土地流转的现象发生比较普遍；其次，安徽大部分地区位于秦岭淮河以南，文化氛围与以儒家文化为主的河南、山东、河北等北方地区不同，整体的家庭观念比较淡薄，很多受访农户家中的老人不与儿女同住，因此依旧需要少量的土地维持基本的生活。存在希望维持现有土地规模或者扩大土地经营面积的首要动力是"农产品价格上涨保证收入稳定"，占希望维持现有土地规模或者扩大土地经营面积的农户的 76.92%；第二位的原因是"获地容易"，占比为 69.23%。这个排名同样能够证明，安徽的人口密度较河南、山东、河北等北方地区稀疏，再加上大量劳力外流，土地流转的频率较高。而"农业补贴增多""农业基础设施完备、提高单产""身体健康接受培训多"，排名第三、四、五位，同样不是农户考虑的重要原因。而最后一位的"保证口粮"成为农户考虑的最不重要原因，是因为安徽地区大部分以种植玉米水稻为主，这两个粮食作物的单位面积产量要远高于小麦的单位面积产量，因此口粮在安徽受访农户中不存在生产困难的问题。具体见图 4 - 13。

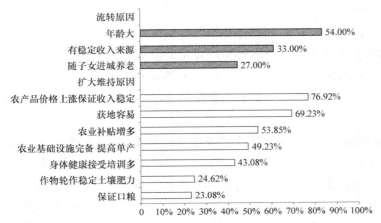

图 4 - 13　安徽受调查农户对于未来土地经营打算的原因

（此题可多选，故各得分项之和大于 100%）

第三节　农户土地经营决策机制

农户的土地经营行为可以被定性为农民的一种职业行为，有其独特的价值。在其他行业生产活动中，行为主体主要考虑的是成本固定下的产量最大化或者产量固定下的成本最小化。而在农户经营土地的过程中，农户的决策方向不仅仅是为了满足唯一的利润目标，同时还有其他方面的需求。农户的土地经营行为是农户生产经营行为中最重要的组成部分，农户土地的经营行为直接决定着其他农业生产投入要素的规模和结构。下面将运用农户行为理论分析农户的土地经营行为，从而更清楚细致地认知农户的土地经营过程，从而得出影响农户土地经营决策的主要因素。

一　农户土地经营决策过程与要件

单个农户在土地经营过程中面临多种决策，由于农户的不同选择，会决定农户最终土地经营行为的不同。首先，农户有选择承包或者不承包所属村镇集体土地的自由；当农户选择承包自身所在区域的集体土地后，可以根据自己的经营意愿和家庭的生产劳动能力，选择自己进行农业生产经营或流转给他人进行经营；在农户决定自己经营后，可以自由选择经营农作物的种类、品种和规模，这一层次的决策受到农户自身资金、技术等生产要素的影响。因此在以上过程中，农户自身的家庭生活水平、所拥有的生产资源条件、家庭整体的经营意愿以及农户对可预计的行动结果的评价都影响着农户的土地经营行为。

约翰逊（Johnson）等人把决策过程定义为6个步骤，即，问题定义、观察、分析、决策、行动及对结果的接受。西蒙将决策过程分成三大步骤：能力、规划和选择。奥尔末（Ohlmer）等人认为农户的决策过程可以总结为8大要件，这些要件分别是：价值观和目标、发现问题、定义问题、观测、分析、意图变化、决策执行和决策结果的接受。

（1）价值观和目标

价值观和目标与农户决策过程是相互影响的关系。价值观是农户对劳动生产的认识，目标是农户投入生产要素后期望收获的结果。价值观体现的是农户对于农业生产的需求和动机，目标和目的则反映了农户实现个人需求的方法和途径。在调查中发现，大多数农户对于土地经营的结果没有具体明确的量化目标，在问到对未来土地经营的期望时，大部分的回答受到上一年收成的影响。

（2）发现问题

通过对内部和外部信息的观察才能够把握机会。决策者必须首先察觉到问题的存在才能认识问题，对问题的认知是发现问题的一部分。例如，农户通过媒体和政府的广泛宣传认识到目前政府推行的政策措施对生产经营可能会产生影响，最具有代表性的就是农业补贴的不断发放、增加提高了农民承包土地的积极性。当这些外部环境的变化逐渐清晰，农民能够感知和领悟之后，农户也随之调整着他们的土地经营决策。

（3）定义问题

对问题的定义实质上是问题的具体化、明确化以及确定备选方案的过程。农户所接收到的信息主要是来源于农业生产、农户家庭生活、农村环境面貌等各个方面。在这个信息收集、处理的过程中，分析信息中已有问题的起因，探求解决问题的方案，评估各种可预计结果的效用。随着国家对于农业生产的持续重视，农户在意识到国家政策变化、农业生产经营环境变化给自身生产带来的优惠条件，根据已有信息分析农业生产面临的新问题，并不断地寻找问题的解决方案，进而积极发展农业生产，提高收入水平，改善生活质量。

（4）观测

观测阶段主要是指收集和处理各方面的信息。目前出现问题的影响因素、可以选择应对的行为、关于行为结果的信息。新的信息可能引起新一轮的决策过程。在农业生产中主要表现在农户主动获取土地流转价格、农产品市场供求和交易价格、各种生产要素的价格、国家每年农业相关的政策法规等，为他们在下一阶段的土地经营决策做相应的准备。

（5）分析

分析过程包括规划、评估、行为的评价和选择。这个阶段经常被看成是纯粹的决策过程。在农业生产的实际过程中，农户对于土地的经营决策不可能有完整的全方位预算或使用经济模型进行数理推导，他们只能凭借已有的信息和所掌握的生产经验、资金、技术，估计出一个或多个进行某种土地经营方式后可能出现的结果，才会初步谋划出一个相对最优的经营方式。

（6）意图变化

意图的不断变化和发展决定了已选择的行为是否被执行。随着行为意图的变化，决策人所认为的最优选择也会变化。接着便是在社会规范、公序良俗、个人行为规范的基础上，强化这个选项执行的意图。作为理性经济人，农户在具体执行某种行为，特别是调整生产要素投入前是可能会在已承包土地的一小部分进行小规模的试验，通过实验结果进行效益评估，以决定是否大范围执行新计划。

（7）决策执行

执行包括获取必要的资源、在行动上体现选择结果、控制结果以及评估结果这四个部分。通过结果和预期估计值来进行比较和评估。评估结果可以得知是哪些因素影响了价值观、目标或者未来的决策行为。农户最终的生产经营行为是通过农户对已有结果的权衡和比较形成的。

（8）决策结果的接受

包括农户对产生结果的评估。农户既是土地经营行为的决策者，又是土地经营行为的执行者和管理者。因此对于土地经营行为产生的任何结果都要接受，并且有一个比较客观和理性的认识。

二　农户土地经营决策的影响因素

影响农户土地经营决策行为的因素主要分为外部因素和内部因素两个方面。外部因素包括国家政策、当地自然资源状况、基础设施状况、市场需求、其他种植户的行为等；而内部因素主要是与农户心理及自身特点有关的因素，如家庭人力资源状况、自有资金的多少、经营土地的规模、接受新技术的能力、自我需要、对收入的预期、习惯与偏好、家庭其他成员的意见等，下面对这些影响因素分别阐述。

（一）外部影响因素

1. 政策环境影响

在正常的经济运行过程当中，如果政府制定的农业政策具有稳定性、连续性、务实性，有利于发展农业生产、降低农业生产成本，那么农户会积极响应政府号召，发展农业生产；反之，政府制定的政策如果脱离农业生产实际，违背了大多数农民意愿，农户就会采取消极的态度，表现出犹豫、保守的倾向。最明显的例子就是家庭联产承包制的制定和推广。改革开放后，国家实行的家庭联产承包责任制政策，极大地调动了农民生产的积极性，解放了农村生产力，促进农业发展，各类农产品产量呈现快速增加的状态。

政策对农户生产经营行为的正向影响主要体现在出让土地权利、降低农业生产成本（如减免农业税费等）、引导农业生产方向（发放专门农业补贴，粮食直补）等方面。农户根据自身需求和农业生产状况的现状对已推行的政策进行评估。实际调查发现，农户对农业补贴的发放有十分清楚的认识和理解，并且明确希望能够继续提高农业补贴数额、扩大农业补贴范围。说明农业补贴的及时足额发放能够成功减轻农民生产负担，特别是缓解农资价格上涨过快对家庭农业生产资本投入的压力，在很大程度上提高农民从事农业生产和粮食种植的积极性，直接降低农业生产成本、增加农民收入。

地方政府的土地征用也对部分地区的农户土地经营行为产生了较大影响。在城乡接合地区或交通较便利的村镇，土地征用现象较为频繁，各农户承包的土地的数量、地块、面积等都进行多次调整，因此城乡接合地区的农户一般进行常规的作物种植，以粮食作物和蔬菜为主。而在远离城市的农村，较大规模的经济作物种植这种需要长期持续经营的土地生产方式较为常见，在这些地区，土地承包期限大都在15 年以上，且农户普遍对自己所选择的经营方式持乐观态度。

2. 市场环境的影响

市场经济是完全意义上的开放经济，市场配置资源的结果就会导致所有商品生产者、经营者都要进入市场参与竞争。农民也必须抛弃原来自给自足的心理，逐步形成适应市场经济需求，根据市场需求调整农业生产结构。机遇与风险同在、竞争和挑战共存，农民为了生存和发展，已经初步形成了与市场经济相适应的效益观念、管理观念等新型生产观念。

市场环境对农户的影响主要表现在，市场上农产品价格和生产资料的价格波动会直接影响农户当年的生产效益，进而会对农户下一年的土地经营结构调整的决策产生重大影响。前述的调查结果表明，农产品价格上涨会促使农户维持或扩大现有耕地面积，扩大生产规模。

3. 其他外部影响因素

在影响农户土地经营行为的其他外部因素中还包括所处地区的土质、气候、水文等自然资源状况。这些因素同样对农户的土地经营决策有重要的影响。以安徽为例，安徽横跨秦岭淮河的南北分界区，南北气候、土质差异较大，因此安徽的土地经营结构较为复杂，农户的土地经营行为也更加多样化。

（二）内部影响因素

1. 农户土地经营意愿

从经济效益的角度对农户土地经营行为进行分析，可以发现，虽然从某个角度分析土地生产的效益要远低于其他行业的生产效益，但农户仍然愿意继续进行土地经营。这是因为，当劳动力就业市场还没有在农村发展普及的时候，农民无法到非农产业获取工资性收入实现自身劳动价值。此时"对劳动辛苦的评价低于对消费带来满足的评价"，农户继续在土地上进行劳动依旧会提高效用。

无论是根据和农户的交流总结分析还是对调查样本的统计数据分析，都可以明显发现绝大多数农民普遍不愿意完全放弃土地经营，而且大部分农户愿意维持或扩大家庭现有的土地经营面积。在免除农业税、对农业生产的各个环节给予农民一定数额补贴等政策的推动下，农民对土地的依存感更加强烈。尤其是现在开始在部分地区号召农民利用土地进行农业抵押贷款等投资性行为，农民对于土地的财产性功能有了更明确更深刻的认识，因此农民会更加愿意进行土地生产经营活动。

在调查问卷中，问及农户为什么不愿意放弃土地承包权的时候，就近非农就业和外出到区域中心城市进行非农就业的农户认为非农就业面临着随时被辞退的危险，保留土地承包权可以在失业后继续通过土地经营获取一些产品能够维持基本生活；而平均年龄超过 55 岁的农户则认为土地是他们维持生活的主要物质来源，保留土地经营能够自给自足，不给儿女增加养老负担。

2. 农户土地经营目标

目标是行为的直接动力，因此要了解农户的经营行为必须对农户的目标有深入了解。何塞·玛丽亚·普姆西（Jose Maria Sumpsi，1996）将农户的目标概括为毛收入最大、周转资本最小、雇佣劳动最少、管理难度最小、风险最小以及毛收入与周转资本的比例最小 6 个方面。乔伊斯·威洛克（Joyce Willock，1999）认为农户的目标应该包括以下 5 个方面：成功的经营、可持续能力、生活质量、社会地位和兼业劳动。国外农户对土地经营目标的设定与其特定的土地制度有关，即土地私有化，因此国外的农户在一定程度上更重视在土地利用过程中，保持土壤肥力的稳定性和持久性。而在我国的土地保护等更多的是一种政府行为，农户个体由于学历水平、思维深度则较少考虑到这些宏观性、长远性目标。

从经济角度分析，农户目标可以分为经济目标和非经济目标。经济目标是农户从事农业生产的根本动力，主要包括三个方面：获取保证生活的基本资料、提高家庭生活水平、在满足前两个目标的基础上追求最大限度的经济利润。非经济目标是农户从事农业生产的非经济动机，主要包括响应国家政策、保障土地资源的再生能力。农户对土地经营行为的选择主要受到农户经济目标的引导与制约。

3. 农户的机会成本与风险意识

机会成本是指把一定的资源用于生产某种产品时所放弃的生产另外一种产品的价值。所以，某种生产资源被配置于不同用途所产生的价值是不同的。在生产过程中，存在一个如何分配生产资源能够使总效果达到最优的问题。土地对于农户是比较稀缺的生产资源，所以农户对已承包土地的用途、农作物种植种类的选取、不同农作物种植面积和比例的分配、农业生产资料投入的经济比例、是否学习和使用新技术、是否扩大土地种植面积等方面的决策是非常慎重的。农户在做任何关于土地经营决策的时候，都会考虑到各种土地经营形式的机会成本。

农户面临的各种风险主要是指客观上农产品产量或价格的波动导致农户收入的不稳定，以及各种不可抗力如天气气候的变化对农业生产造成不可逆的影响。农业风险给农户带来的损失是无法避免的，但由于农户对风险的主观认识以及家庭风险承受能力的不同，同样数量和程度的客观经济损失对于不同的承受者，其影响程度存在较大差异。

农业风险与农户的农业经营形式密切相关。从理论的角度分析，兼业经营的农户收入较高，特别是特种农产品经营的收入会更高，但是同时受市场需求的影响大，面临的风险也比较大。调查中有部分农户在农业兼业过程中，特别是水果、花卉的生产经营过程中出现过亏损甚至亏本的情况，而传统种植业风险小，但是收入也比较低。土地是农户最主要的生产资料和生活保障，农业生产过程中任何一个细微波动都会影响他们的经济状况。因此，农户对风险的认识和接受水平、农户家庭的整体收入水平会与其对土地的依赖程度有直接的关系。但是在任何的经济发展程度之下，农民在进行土地经营决策时大多数时间依旧是风险的规避者，都会选择趋向于保守的策略。

4. 农户自身资源条件的约束

农户自身资源可从广义的角度分为：物质资本、经济资本、人力资本等。Roy Murray - Prior 认为农民的决策行为可以分成这样两个阶段：第一个阶段是农户对可能的选择进行简单的筛选；第二个阶段农户在约束条件的限制下取得目标的最大化。因此，在农户行为决策过程中，农户自身条件的限制会影响农户的最终决策。

第一是土地经营规模。土地经营规模的大小会影响农民的理性决策，例如，若土地经营规模过小，则理性生产的执行成本太高，农户就会不愿意进行土地经营方式的改变。土地经营的规模较小也会提高机械作业的成本，降低劳动生产效率。而较大规模的土地经营能够广泛使用各种新型农业生产技术，提高劳动生产效率，降低成本，增加农民收益。

第二是家庭资金状况。对于一般农户，家庭资金要素对农户土地经营行为的影响主要体现在对农业生产资料的购买，如种子、农药、化肥等方面的费用，同时还有对于大型机械的雇佣租赁费用、专业农技人员的技术指导费用等。调查地区中几乎没有农户认为自己在生产过程中遇到缺少资金的情况。

第三是家中劳动力状况。在调查样本中，交通便利的地区明显地表现出劳动力的本地非农化就业趋势，其他农村地区劳动力转移中既有本地转移也有异地转移。在以本地非农就业为主的城乡接合地区，由于交通便利，土地流转现象发生较多，因此农户家庭土地承包面积普遍较小，并且这些家庭有时间和精力从事少量的农业生产活动，因而农户不会放弃农村土地承包经营权。可见，在该类地区农村劳动力的非农转移就业对小规模的农业生产不构成较大的负面影响。在劳动力异地转移发生较普遍的地区，特别是调查地区中的安徽地区，农户大都维持或减少土地经营面积，在农忙期间异地劳动力返乡进行农业劳动的比例也比较小。也有很多农户在家庭所有劳动力均异地转移的情况下将家中所承包的土地全部流转。在调查样本中有土地转出现象的农户中，大部分的农户家庭存在家庭劳动力异地转移现象。因此土地的流转主要由农户的劳动力规模和结构决定，劳动力的转移方式及转出地点与农户土地经营规模和经营方式有关系。

第四节 本章小结

黄淮海粮食主产区农户的土地经营行为有以下几个特征：第一，以粮食种植为主、农产品多样化；第二，市场需求是决定农户土地经营行为的重要导向，土地流转现象在调查地区已经非常普遍，土地流转方向多样化、复杂化趋势明显；第三，绝大部分农户采用了现代化的经营方式，但农业生产规模化、产业化趋势并不十分明显。

河北、山东土地流转涉及农户数占样本总数的20%左右；安徽土地流转涉及农户数占样本总数的45%；河南土地流转涉及农户数占样本总数的31%，整体流转比例并不是很高。大部分的流转行为都是私下流转，口头或书面达成协议，转入方给予转出方相应的报酬，流转期限大部分在15年之内。在被调查的农户中，河南、河北超过83%的农户认为可以维持或扩大现有的土地经营规模，安徽、山东有

78%的农户认为可以维持或扩大现有的土地经营规模。在未来可以进行土地流转的原因主要是"有稳定的收入来源""跟随儿女养老";而希望维持现有土地规模或者扩大土地承包面积的动力是"农产品价格上涨保证收入稳定""农业补贴增多""保证口粮"。

　　影响该区农户土地经营行为的因素主要分为外部因素和内部因素两个方面。外部因素包括国家政策、市场需求等;国家政策对农户的影响多为正向影响,市场环境对农户的影响主要表现在,市场上农产品价格和生产资料的价格波动会直接影响农户当年的生产效益,进而会对农户下一年的土地经营结构调整的决策产生重大影响。内部因素主要是与农户心理及自身特点有关的因素,内部影响因素对农户土地经营行为的影响更为深远和复杂。

第五章　黄淮海粮食主产区农户
粮食生产投入行为

除了土地之外，资本是农业生产中另一个重要的生产要素。几乎所有的农业物质生产要素（种子、化肥、农药等）均可转化为货币形式对农业生产产生较高程度的影响。

农户是农业生产资金投入的主体，农户家庭所有生产资金的数量是决定农业生产资本投入规模和结构的重要因素。从理论角度进行分析，绝大多数农户对于农业生产的资本投资行为是经济理性的，投入资本的主要目的是追求农产品的高产量和农业生产的高效率，而农业自身的特点决定了农业的资金回报率很低，特别是粮食生产的资本回报率更低。基于以上分析可知，粮食主产区的农户作为我国非常重要的粮食生产经营单位，粮食主产区的农户的生产投入行为对于整个农业生产有重要的影响。因此，粮食主产区的农户生产投入的规模、结构等行为偏好以及对生产投入行为的影响因素是本书的第三个研究重点。

选取《全国农产品成本收益资料汇编》黄淮海5省农户小麦和玉米生产的亩均物质费用（包括直接费用与间接费用）以及人工成本等相关统计数据，首先研究黄淮海粮食主产区五省农户粮食生产的亩均投入概况，其次，根据实地调查反馈回来的数据，对样本农户的小麦、玉米生产投入情况进行进一步更细致的分析，并使用多元 Logistic 模型分析影响农户粮食生产投入行为的微观因素。

第一节　黄淮海粮食主产区粮食生产
投入的总体概况

农户粮食生产投入主要体现在物质与服务费用和雇工费用两个方

面。物质与服务费用指的是在粮食生产过程中农户所投入的农业生产资料费用、购买各种生产性服务的现金支出及其他与生产有关的实物或现金支出。包括：种子、农药、化肥、农膜费、租赁作业费、燃料动力费等。各项费用的具体核算方式如下。

种子费。种子费是指农户为进行粮食生产而购买种子的支出。

肥料费。肥料费是指农户购买化肥等各种肥料的费用。购买肥料的费用不仅包括肥料的实际购买价格，而且包括肥料的运输等其他费用。

农药费。农药费是指粮食生产过程中农户实际施用除草剂、杀虫剂等农业药品的费用。按照农药的实际购买价格加运杂费计算。

租赁作业费。租赁作业费主要是指农户生产粮食时租用其他单位或个人的机械设备和役畜进行生产作业所需支付给他人或单位的费用，包括排灌费、畜力费和机械作业费。排灌费是指粮食生产者租用其他单位或个人的排灌机械或设施的费用以及水费支出。畜力费是指粮食生产过程中租赁他人耕畜的实际支出。机械作业费是指粮食生产农户租用其他单位或个人的播种机、收割机、拖拉机等农业机械的费用。按照农户实际支付的费用计算。

燃料动力费。燃料动力费是指农户粮食生产过程中使用机械所消耗的各种燃料、动力和润滑油的费用支出。

技术服务费。技术服务费是指农户生产粮食过程中参加相关的技术培训、咨询等各种技术服务与购买配套资料所发生的费用。

工具材料费。工具材料费是指农户当年购置小型农具的费用及其他相关生产用途的低值材料费用。

维修护理费。维修护理费是指农户当年维修或维护农用生产机械、设备及生产用房等发生的材料支出或修理费用。

固定资产折旧。农户购买的固定资产按照购买价格和运杂费等计价；农户自家建设的固定资产按照实际发生的全部费用计价。按分类折旧率计提。

其他物质与服务费用。指未包含在上述分类中的物质与服务费用。这部分费用在物质与服务费用中所占比例很小。

雇工费用。雇工费用是指农户为自家粮食生产雇佣劳动力所支出的劳务费。

一　小麦生产投入状况

1979—2013 年黄淮海五省小麦生产亩均费用均值如图 5－1 所示，河南省最高，其后依次是山东、安徽、江苏、河北。山东和河南的小麦生产亩均费用均高于黄淮海五省的平均水平；安徽、江苏、河北的小麦生产亩均费用低于黄淮海五省的平均水平。

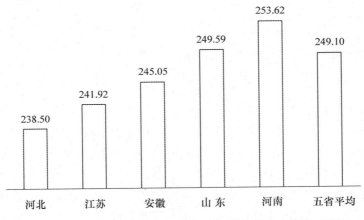

图 5－1　黄淮海粮食主产区小麦生产亩均费用（单位：元）

以上表明位于黄淮海五省小麦生产的优势区域（河南、山东）的农户更加重视小麦生产资金的投入，而劣势区的农户对小麦生产的资金投入较少。

单项分析来看，小麦生产的直接费用从高到低依次是河南、山东、安徽、江苏、河北。其中，山东和河南的小麦亩均直接费用均高于黄淮海五省的亩均直接费用，特别是河南的小麦亩均直接费用高于160 元；安徽、江苏、河北的小麦亩均直接费用低于黄淮海五省的小麦亩均直接费用。小麦生产的间接费用从高到低依次是山东、河南、安徽、江苏、河北。山东、河南、安徽、江苏的小麦亩均间接费用均高于黄淮海五省的小麦亩均间接费用。小麦生产的人工费用从高到低依次是河南、山东、安徽、江苏、河北。其中，河南的小麦亩均人工费用高于黄淮海五省的小麦亩均人工费用，其余省份的小麦亩均人工费用低于黄淮海五省的小麦亩均人工费用，但是河南、山东、安徽的小麦亩均人工费用均高于80元。

表5-1 黄淮海粮食主产区小麦生产的单项投入情况（单位：元）

省份	直接费用	间接费用	人工费用
河北	152.03	8.73	77.74
江苏	154.05	8.86	79.01
安徽	156.06	8.92	80.07
山东	158.57	8.95	82.08
河南	160.86	8.93	83.84
五省平均	157.85	8.81	82.44

二 玉米生产投入状况

1979—2013年黄淮海五省玉米生产亩均费用均值如图5-2所示。

整体来看，玉米生产的亩均费用低于小麦生产的亩均费用。五省相比，河南省最高，其后依次是山东、安徽、江苏、河北。山东和河南的玉米亩均费用均高于黄淮海五省的平均水平；安徽、江苏、河北的玉米亩均费用低于黄淮海五省的平均水平。从单项分析来看，玉米生产的直接费用从高到低依次是河南、山东、安徽、江苏、河北。其中，山东和河南的玉米亩均直接费用均高于黄淮海五省的平均水平，安徽、山东、河南的玉米亩均直接费用高于100元；江苏、河北、安徽的玉米亩均直接费用低于黄淮海五省的玉米亩均直接费用。

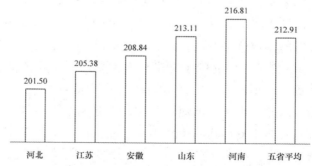

图5-2 黄淮海粮食主产区玉米生产亩均费用（单位：元）

玉米生产的间接费用从高到低依次是山东、河南、安徽、江苏、河北。除河北外，山东、河南、安徽、江苏的玉米亩均间接费用均高于黄淮海五省的平均水平。玉米生产的人工费用从高到低依次是河南、山东、安徽、江苏、河北。其中，河南的玉米亩均人工费用高于黄淮海五省的玉米亩均人工费用，其余省份的玉米亩均人工费用低于黄淮海五省的玉米亩均人工费用投入，但是河南、山东、安徽的玉米亩均人工费用均高于 100 元。具体见表 5 - 2。

表 5 - 2　黄淮海粮食主产区玉米生产的单项投入情况（单位：元）

省份	直接费用	间接费用	用工作价
河北	97.42	7.68	96.40
江苏	98.92	7.74	98.72
安徽	100.41	7.79	100.64
山东	102.48	7.81	102.81
河南	104.14	7.79	104.88
五省平均	102.23	7.70	102.99

第二节　黄淮海粮食主产区农户小麦生产投入的个体差异及影响因素

一　样本农户小麦生产投入情况

通过对 340 份问卷的整理可知，样本农户亩均物质与服务费用的最小值是 110 元，最大值是 1010 元，均值为 484.94 元。河北样本农户亩均物质与服务费用的均值为 574.32 元；河南样本农户亩均物质与服务费用的均值为 371.45 元；山东样本农户亩均物质与服务费用的均值为 446.33 元；安徽样本农户亩均物质与服务费用的均值为 383.47 元。

物质费用包括种子费用、化肥费用、农药费用 3 项，服务费用包括灌溉费用、机械作业费、人工费用 3 项。进一步对农户小麦亩均投入进行分析的结果见表 5 - 3 和表 5 - 4。

如表5-3所示，河北样本农户小麦生产亩均种子费用的最小值是30元，最大值是80元，均值为50.20元；亩均化肥费用的最小值是50元，最大值是200元，均值为136.34元；亩均农药费用的最小值是20元，最大值是50元，均值为26.85元。

表5-3　　　　　样本农户小麦生产物质费用（单位：元）

省份	统计值	种子费	肥料费	农药费
河北	平均	50.20	136.34	26.85
	最高	80	200	50
	最低	30	50	20
河南	平均	71.09	149.13	18.04
	最高	130	240	50
	最低	50	120	7
山东	平均	50.70	168.77	27.64
	最高	110	320	100
	最低	10	50	10
安徽	平均	51.40	100.56	26.62
	最高	65	187.5	75
	最低	15	22	10
全部	平均	62.01	173.46	34.41

河南样本农户小麦生产亩均种子费用的最小值是50元，最大值是130元，均值为71.09元；亩均化肥费用的最小值是120元，最大值是240元，均值为149.13元；亩均农药费用的最小值是7元，最大值是50元，均值为18.04元。

山东样本农户小麦生产亩均种子费用的最小值是10元，最大值是110元，均值为50.7元；亩均化肥费用的最小值是50元，最大值是320元，均值为168.77元；亩均农药费用的最小值是10元，最大值是100元，均值为27.64元。

安徽样本农户小麦生产亩均种子费用的最小值是15元，最大值是 65 元，均值为 51.40 元；亩均化肥费用的最小值是 22 元，最大值是 187.5 元，均值为 100.56 元；亩均农药费用的最小值是 10 元，最大值是 75 元，均值为 26.62 元。

整体分析，全部样本农户小麦生产亩均种子费用的均值为 62.01 元；亩均化肥费用均值为 173.46 元；亩均农药费用均值为 34.41 元。

如表 5-4 所示，河北样本农户小麦生产亩均灌溉费用的最小值是 6 元，最大值是 160 元，均值为 117.08 元；亩均机械作业费的最小值是 50 元，最大值是 250 元，均值为 140.85 元；亩均人工费用的最小值是 6 元，最大值是 200 元，均值为 103 元。

表 5-4　　样本农户小麦生产服务费用（单位：元）

省份	统计值	灌溉费	机械作业费	人工费用
河北	平均	117.08	140.85	103
	最高	160	250	200
	最低	6	50	6
河南	平均	22.57	50.63	60
	最高	80	55	100
	最低	5	50	40
山东	平均	40.40	123.15	35.67
	最高	180	230	70
	最低	10	10	20
安徽	平均	83.03	69.50	121.86
	最高	165	130	180
	最低	9.5	7	68.75
全部	平均	59.49	145.86	47

河南样本农户小麦生产亩均灌溉费用的最小值是 5 元，最大值是 80 元，均值为 22.57 元；亩均机械作业费的最小值是 50 元，最大值是 55 元，均值为 50.63 元；亩均人工费用的最小值是 40 元，最大值是 100 元，均值为 60 元。

山东样本农户小麦生产亩均灌溉费用的最小值是 10 元，最大值是 180 元，均值为 40.40 元；亩均机械作业费的最小值是 10 元，最大值是 230 元，均值为 123.15 元；亩均人工费用的最小值是 20 元，最大值是 70 元，均值为 35.67 元。

安徽样本农户小麦生产亩均灌溉费用的最小值是 9.5 元，最大值是 165 元，均值为 83.03 元；亩均机械作业费的最小值是 7 元，最大值是 130 元，均值为 69.50 元；亩均人工费用的最小值是 68.75 元，最大值是 180 元，均值为 121.86 元。

样本农户小麦生产亩均灌溉费用的均值为 59.49 元；亩均机械作业费的均值为 145.86 元；亩均人工费用的均值为 47 元。

二　样本农户小麦生产投入的影响因素

前面分析了五个省份的农户小麦生产投入情况以及四个省份被调查样本农户小麦生产投入的差异情况。下面根据实地调研的数据，对影响小麦生产投入的各类因素进行分析。

（一）变量选取及说明

本书将亩均投入作为因变量引入模型。在调查问卷设计中，将农民亩均投入分为 4 类：300 元以下、301—600 元、601—900 元和 900 元以上。因此，在本书采用的多元 Logistic 模型中，被解释变量为亩均投入，故模型取值如下：300 元以下为 1，301—600 元为 2，601—900 元为 3，900 元以上为 4。基于经济学基本理论和农户行为理论，假定影响农户生产投入行为的因素有四个方面：（1）农户个人特征。农户作为生产经营主体，是一个在权衡了各方利益和风险后为追求最大利益作出合理决定的"理性小农"；（2）诱导因素。如家庭收入、经营规模、现有生产资料等；（3）风险因素。主要是农户规避风险的行为，如农户进行非农产业劳动；（4）农业生产借贷情况。农户因农业生产资金不足而向他人借款会直接影响对自家农业生产的投入。

根据粮食生产的技术特点和资料的可获得性，进一步将影响农户生产投入的解释变量分为 6 项，分别是户主文化程度、家庭收入、种植面积、是否拥有农机具、非农收入占家庭总收入的比重、是否借贷。自变量的描述性统计如下：

表 5 – 5   解释变量定义及描述性统计

变量名	定义及单位	均值	标准差
家庭收入	1 = 15000 元以下 2 = 15001—25000 元 3 = 25001—35000 元 4 = 35001—45000 元 5 = 45001—55000 元 6 = 55000 元以上	4.20	1.52
受教育程度	1 = 小学及以下，2 = 初中， 3 = 高中，4 = 中专，5 = 大专	2.06	0.872
家庭种植规模	1 = 4 亩以下，2 = 4 亩到 8 亩 3 = 8 亩以上	2.09	0.712
家庭是否拥有农机具	1 = 是，0 = 否	0.5	0.51
非农收入比（%）	非农收入/家庭总收入	0.55	0.33
是否借贷	1 = 是，0 = 否	0.07	0.26

（二）模型构建

对于任意的选择 j = 1，2，…，n，多元 Logistic 模型表示为：

$$Ln\left[\frac{P(y = j/x)}{P(y = J/x)}\right] = \alpha_j + \sum_{k=1}^{K} \beta_{jk} x_k$$

其中，$P(Y_i = j)$ 表示农民对第 j 种亩均投入选择的概率，x_k 表示第 k 个影响农民亩均投入的自变量，所有解释变量分为农户自身特征（文化程度、家庭收入）、诱导因素（种植面积、是否拥有农机具）、风险因素（非农收入占家庭总收入的比重）、是否借贷，β_{jk} 表示自变量回归系数向量。以 J 为参照类型，农民选择其他亩均投入类型的概率与选择 J 类的概率的比值 $\frac{P(y = j/x)}{P(y = J/x)}$ 为事件发生比，简称为 odds。

（三）实证分析结果及分析

根据不同情况，设置了三种模型，分别为模型 5 – 1、模型 5 – 2 和模型 5 – 3，模型的估计结果见表 5 – 6，根据实证结果，可以得出：

1. 小麦种植规模对农户小麦生产的亩均投入有显著的正向影响。

从模型 5 - 1 估计结果来看，小麦种植规模在 1% 的显著性水平下通过检验，小麦种植规模在模型 5 - 2 和模型 5 - 3 中在 5% 和 10% 的显著性水平下通过检验，且系数均为正。这说明，在其他条件不变的情况下，小麦种植规模越大，农户就更愿意增加对小麦生产的资金投入。

2. 是否拥有农机具对农户小麦生产的亩均投入有显著的正向影响。农机具在模型 5 - 1 中在 10% 的显著性水平下通过检验，农机具在模型 5 - 2 和模型 5 - 3 中在 5% 的显著性水平下通过检验，且系数均为正。说明拥有农机具的农户，愿意为小麦生产投入更多的资金。

3. 户主文化程度对农户小麦生产的亩均投入有较为显著的影响。从影响方向来看，大部分的影响方向为负，说明随着户主文化程度的提高，农户就会降低小麦生产投入的意愿。其原因可能是：一方面，文化程度较高的户主的头脑更灵活，更愿意将资金投入到经济类作物的生产中，或是从事第二、三产业以便获得更高收入；另一方面，文化程度较高的户主，能够根据已掌握的农业生产知识和技术，更加科学地安排农业生产投入，如根据需要购买农资，按照农艺要求施用化肥，尽量避免生产投入冗余带给产量的负面影响。在调查中发现，文化程度较高的户主非常愿意学习各类生产技术，特别是耕作技术、机械技术、收割储运技术，说明随着文化程度的提高，农户对于节省劳动力、提高生产效率的愿望越强烈。

4. 家庭总收入对农户小麦生产的亩均投入影响不显著，且在模型 5 - 3 中的影响方向多为负向。这说明现阶段农户的家庭收入水平已不再是制约农户生产投入的因素。更多的情况是：随着家庭收入的提高农户会将家庭生产经营重点转移到经济作物等。

5. 农户是否借贷对农户小麦生产的亩均投入有显著的正向影响。农户借贷在模型 5 - 1 中在 5% 的显著性水平下通过检验，农机具在模型 5 - 2 和模型 5 - 3 中在 1% 的显著性水平下通过检验，且系数均为正。说明在其他条件相同的情况下，有借款行为的农户对小麦的生产的投入更多。也就是说，这类农户即便家中缺钱，也会通过借款来增加生产投入。

6. 家庭非农收入占比对农户小麦生产的亩均投入影响较显著，且影响方向为负。也就是说，家庭非农收入占比低的农户更倾向于发展小麦生产。

表 5－6　农民小麦生产资金投入行为影响因素的多元 Logistic 模型估计结果

解释变量	模型 5－1			模型 5－2			模型 5－3		
	B	Wald	显著水平	B	Wald	显著水平	B	Wald	显著水平
截距	11.82	0	1.00	36.01	0	0.10	18.09	0	0.10
种植规模									
1	4.87	10.48	0.00	0.32	0.06	0.08	0.14	0.01	0.09
2	5.44	17.69	0.00	1.27	1.25	0.03	1.92	2.57	0.01
农机具	0.36	0.15	0.07	0.67	0.57	0.05	0.95	0.94	0.03
文化程度									
1	19.07	0	0.08	−0.01	0	0.10	−1.27	0	0.20
2	2.67	0	0.12	−16.57	0	0.05	−17.52	0	0.10
3	1.72	0	0.06	−17.22	0	0.01	−18.83	0	0.25
4	18.34	0	0.10	−0.02	0	0.00	0.03	0	0.08
家庭收入									
1	1.88	0	0.07	0.36	0	0.00	−0.79	0	0.09
2	19.41	0	0.02	19.22	0	0.15	−18.91	0	0.13
3	16.19	0	0.10	16.31	0	0.12	−16.75	0	0.16
4	16.95	0	0.03	17.32	0	0.18	−19.25	0	0.2
5	0.55	0	0.10	.28	0	0.10	−0.46	0	0.08
是否借款	0.94	0.45	0.05	0.13	0.01	0.09	0.25	0	0.00
非农收入占比									
1	16.90	0	0.10	14.94	0	0.10	15.41	0	0.10
2	−1.10	0.01	0.03	−1.78	2.854	0.04	−1.84	2.478	0.01

第三节 黄淮海粮食主产区农户玉米生产投入的 个体差异及影响因素

一 样本农户玉米生产投入情况

通过对问卷的整理可知，全部样本农户玉米亩均物质与服务费用的最小值是 83.25 元，最大值是 945 元，均值为 479.73 元。河北样本农户亩均物质与服务费用的均值为 532.98 元，河南样本农户亩均物质与服务费用的均值为 317.37 元，山东样本农户亩均物质与服务费用的均值为 370.67 元，安徽样本农户亩均物质与服务费用的均值为 353.95 元。整体分析，玉米的亩均直接生产费用低于小麦的亩均直接生产费用。进一步对农户玉米生产亩均可变资金投入进行分析，统计数据分析结果见表 5-7 和表 5-8。

如表 5-7 所示，河北样本农户玉米生产亩均种子费用的最小值是 40 元，最大值是 100 元，均值为 56.83 元；亩均化肥费用的最小值是 50 元，最大值是 220 元，均值为 129.27 元；亩均农药费用的最小值是 10 元，最大值是 50 元，均值为 28.54 元。

河南样本农户玉米生产亩均种子费用的最小值是 25 元，最大值是 55 元，均值为 47.95 元；亩均化肥费用的最小值是 40 元，最大值是 150 元，均值为 84.55 元；亩均农药费用的最小值是 8 元，最大值是 50 元，均值为 18.23 元。

表 5-7　　　　**样本农户玉米生产物质费用（单位：元）**

省份	统计值	种子费	肥料费	农药费
河北	平均	56.83	129.27	28.54
	最高	100	220	50
	最低	40	50	10
河南	平均	47.95	84.55	18.23
	最高	55	150	50
	最低	25	40	8

续表

省份	统计值	种子费	肥料费	农药费
山东	平均	47.86	149.38	32.73
	最高	80	370	80
	最低	20	50	10
安徽	平均	8.79	54.19	92.31
	最高	20	70	189
	最低	8	20	12
全部	平均	58.68	144.80	36.30

　　山东样本农户玉米生产亩均种子费用的最小值是 20 元，最大值是 80 元，均值为 47.86 元；亩均化肥费用的最小值是 50 元，最大值是 370 元，均值为 149.38 元；亩均农药费用的最小值是 10 元，最大值是 80 元，均值为 32.73 元。

　　安徽样本农户玉米生产亩均种子费用的最小值是 8 元，最大值是 20 元，均值为 8.79 元；亩均化肥费用的最小值是 20 元，最大值是 70 元，均值为 54.19 元；亩均农药费用的最小值是 12 元，最大值是 189 元，均值为 92.31 元。

　　全部样本农户玉米生产亩均种子费用均值为 58.68 元；亩均化肥费用均值为 144.80 元；亩均农药费用均值为 36.30 元。

　　如表 5-8 所示，河北样本农户玉米生产亩均灌溉费用的最小值是 6 元，最大值是 100 元，均值为 60.51 元；亩均机械作业费的最小值是 50 元，最大值是 175 元，均值为 107.70 元；亩均人工费用的最小值是 6 元，最大值是 300 元，均值为 150.13 元。

　　河南样本农户玉米生产亩均灌溉费用的最小值是 5 元，最大值是 100 元，均值为 24.5 元；亩均机械作业费的最小值是 50 元，最大值是 150 元，均值为 82.14 元；亩均人工费用的最小值是 60 元，最大值是 60 元，均值为 60 元。

表 5 - 8   样本农户玉米生产服务费用投入（单位：元）

省份	统计值	灌溉费	机械作业费	人工费用
河北	平均	60.51	107.70	150.13
	最高	100	175	300
	最低	6	50	6
河南	平均	24.5	82.14	60
	最高	100	150	60
	最低	5	50	60
山东	平均	25.75	76.85	38.10
	最高	100	220	80
	最低	10	10	20
安徽	平均	28.52	69.60	100.53
	最高	75	135	146.25
	最低	4	6.25	40
全部	平均	45.44	103.45	91.07

山东样本农户玉米生产亩均灌溉费用的最小值是 10 元，最大值是 100 元，均值为 25.75 元；亩均机械作业费的最小值是 10 元，最大值是 220 元，均值为 76.85 元；亩均人工费用的最小值是 20 元，最大值是 80 元，均值为 38.10 元。

安徽样本农户玉米生产亩均灌溉费用的最小值是 4 元，最大值是 75 元，均值为 28.52 元；亩均机械作业费的最小值是 6.25 元，最大值是 135 元，均值为 69.60 元；亩均人工费用的最小值是 40 元，最大值是 146.25 元，均值为 100.53 元。

全部样本农户玉米生产亩均灌溉费用的均值为 45.44 元；亩均机械作业费的均值为 103.45 元；亩均人工费用的均值为 91.07 元。

二   样本农户玉米生产投入的影响因素

（一）变量选取及说明

本书将 2013 年黄淮海玉米种植农户的亩均投入作为因变量引入

模型。在调查问卷设计中，将农民亩均投入分为 4 类：300 元以下、301—600 元、601—900 元和 900 元以上。因此，在本书采用的多元 Logistic 模型中，被解释变量为亩均投入，故模型取值如下：300 元以下为 1，301—600 元为 2，601—900 元为 3，900 元以上为 4。基于经济学、农户行为理论，假定影响农户生产投资行为的因素有四个方面：（1）农户个人特征。农户作为生产经营主体，是一个在权衡了各方利益和风险后为追求最大利益作出合理决定的"理性小农"。（2）诱导因素。如家庭收入、经营规模、现有生产资料等。（3）风险因素。主要是农户规避风险的行为，如农户进行非农产业劳动。（4）农业生产借贷情况。农户因农业生产资金不足而向他人借款会直接影响对自家农业生产的投入。

根据粮食生产的技术特点和资料的可获得性，进一步将影响农户资金投入的解释变量分为 6 项，分别是户主文化程度、家庭收入、种植面积、是否拥有农机具、非农收入占家庭总收入的比重、是否借贷。自变量的描述性统计如表 5－9 所示。

表 5－9　　　　　　　　　　解释变量定义及描述性统计

变量名	定义及单位	均值	标准差
家庭收入	1 = 15000 元以下 2 = 15001—25000 元 3 = 25001—35000 元 4 = 35001—45000 元 5 = 45001—55000 元 6 = 55000 元以上	4.20	1.52
受教育程度	1 = 小学及以下，2 = 初中， 3 = 高中，4 = 中专，5 = 大专	2.06	0.872
家庭种植规模	1 = 4 亩以下，2 = 4 亩到 8 亩 3 = 8 亩以上	2.09	0.712
家庭是否拥有农机具	1 = 是，0 = 否	0.5	0.51
非农收入比（％）	非农收入/家庭总收入	0.55	0.33
是否借贷	1 = 是，0 = 否	0.07	0.26

（二）模型构建

对于任意的选择 j = 1，2，…，n，多元 Logistic 模型表示为：

$$Ln\left[\frac{P(y = j/x)}{P(y = J/x)}\right] = \alpha_j + \sum_{k=1}^{K}\beta_{jk}x_k$$

其中，$P(Y_i = j)$ 表示农民对第 j 种亩均投入选择的概率，x_k 表示第 k 个影响农民亩均可变资金投入的自变量，所有解释变量分为农户自身特征（文化程度、家庭收入）、诱导因素（种植面积、是否拥有农机具）、风险因素（非农收入占家庭总收入的比重）、是否借贷，β_{jk} 表示自变量回归系数向量。以 J 为参照类型，农民选择其他亩均投入类型的概率与选择 J 类的概率的比值 $\dfrac{P(y = j/x)}{P(y = J/x)}$ 为事件发生比，简称为 odds。

（三）实证分析结果及分析

根据不同情况，设置了三种模型，分别为模型 5-4、模型 5-5 和模型 5-6，模型的估计结果见表 5-10，由此得到以下结论：

1. 玉米种植规模对农户玉米生产的亩均投入有显著的正向影响。玉米种植规模在模型 5-4 中在 10% 的显著性水平下通过检验，玉米种植规模在模型 5-5 和模型 5-6 中在 5% 的显著性水平下通过检验，且系数均为正。这说明，在其他条件不变的情况下，玉米种植规模越大，农户就更愿意增加对玉米生产的资金投入。

2. 农机具对农户玉米生产的亩均投入有显著的正向影响。农机具在模型 5-4 中在 1% 的显著性水平下通过检验，农机具在模型 5-5 中在 10% 的显著性水平下通过检验，在模型 5-6 中在 5% 的显著性水平下通过检验，且在 3 个模型中系数均为正。说明拥有农机具的农户，更愿意为玉米生产投入资金。

3. 户主文化程度对农户玉米生产的亩均投入有较为显著的影响。从影响方向来看，大部分的影响方向为负，说明随着户主文化程度的提高，农户不再愿意增加对玉米生产的资金投入。这主要是因为夏玉米在生产过程中，劳动较为艰辛。文化程度较高的农户，头脑较灵活，更愿意将资金投入到省时省力的农作物生产过程中去。另外，文化程度较高的农户，能够更加理性地对待农业生产，无效投入会大大减少。

4. 家庭总收入对农户玉米生产的亩均投入影响不显著，且在模型中的影响方向多为负向。这说明现阶段,农户的家庭收入水平已不再是制约农户粮食生产投入的因素。并且随着家庭收入的提高,农户就会将家庭生产重点转移到其他生产领域。

5. 农户是否借贷对农户玉米生产的亩均投入有显著的负向影响。农户借贷在模型5-4中在5%的显著性水平下通过检验,农机具在模型5-5中在10%的显著性水平下通过检验,且系数均为负。说明在其他条件相同的情况下,农户不愿意通过借款完成玉米生产投资行为。黄淮海粮食主产区玉米类型多为夏玉米,播种时间多在5月底6月初,这一时期冬小麦处于收割出售阶段,家中生产资金较为充裕,不需要进行借款以维持夏玉米的生产投资。

6. 家庭非农收入占比对农户玉米生产的亩均可变资金投入有一定的影响,且影响方向为正。

表5-10　农民玉米生产投入行为影响因素的多元 Logistic 模型估计结果

解释变量	模型5-4			模型5-5			模型5-6		
	B	Wald	显著水平	B	Wald	显著水平	B	Wald	显著水平
截距	1.60	0.00	1.00	20.94	136.34	0.00	18.12	141.18	0.00
种植规模									
1	2.78	6.98	0.01	1.74	4.23	0.04	-1.78	4.15	0.04
2	1.51	3.17	0.08	1.62	4.29	0.04	-2.10	6.75	0.01
农机具	0.38	0.40	0.01	0.18	0.13	0.07	0.47	0.81	0.03
文化程度									
1	0.90	0.00	0.10	-17.46	166.60	0.00	-15.96	364.98	0.00
2	0.12	0.00	0.01	-16.79	159.39	0.00	-15.23	391.34	0.00
3	-0.48	0.00	0.04	-16.53	206.52	0.00	-15.07	0.00	0.00
4	0.35	0.00	0.10	-0.59	0.00	1.00	1.60	0.00	1.00
家庭收入									
1	-0.39	0.05	0.05	-0.88	0.49	0.04	-0.51	0.15	0.04
2	0.17	0.02	0.11	-0.67	0.46	0.50	-0.85	0.67	0.05

续表

解释变量	模型 5 - 4			模型 5 - 5			模型 5 - 6		
3	- 0.19	0.04	0.20	- 1.49	4.01	0.05	- 1.24	2.54	0.11
4	0.01	0.00	0.99	- 1.18	2.39	0.12	- 1.60	3.73	0.05
5	- 0.46	0.23	0.63	- 1.12	2.22	0.14	- 1.81	4.76	0.03
是否借款	- 0.57	0.31	0.05	- 0.28	0.11	0.07	0.45	0.20	0.65
非农收入占比									
1	1.25	2.82	0.09	0.52	0.72	0.05	0.52	0.61	0.44
2	0.63	0.80	0.37	0.11	0.04	0.08	0.21	0.11	0.74

第四节　黄淮海粮食主产区农户粮食生产资本投入的实证分析

改革开放以来，随着农业科学技术的不断发展，黄淮海地区粮食综合生产能力得到很大提高，为保障中国粮食安全和地区经济发展做出了突出贡献。在新的形势下，保证黄淮海地区粮食生产的可持续发展，提高粮食生产效率和综合生产能力，对保证中国粮食安全至关重要。所以，研究该地区农户投入资本后的粮食生产效率问题，就有着极其重要意义。

除了土地之外，资本是农业生产中另一个重要的生产要素。几乎所有的农业物质生产要素（种子、化肥、农药、农业机械）都可转化为货币形式的生产要素存在。目前，农户自身用于农业生产的资金多数还是处于限制农业生产的状态，是我国农业发展中很大的门槛。近年来虽然国家进入到"工业反哺农业"的发展阶段，各级政府发放各类农业补贴，很大程度上缓解了农业生产资金短缺的问题，但解决问题的根本还需要农民、政府的共同努力。

农户是农业生产资金投入的主体，农户自身生产资金的来源和数量是决定农业生产资本投入规模和结构的重要因素。大多数农户的资本投资行为是经济理性的，主要目的是追求农产品的高产量和资本的最大收益，而农业自身的特点决定了农业的资金回报率很低。对理性的农户而言，就会造成农业生产的部分资金流向了非农产业，而且对于农业生产的投资则表现出投资乏力、短视的特点。基于以上分析可知，粮食主产区的农户是我国非常重要的粮食生产经营单位，粮食主产区的农户的资金投资行为对于家庭生产要素的组合以及整个粮食生产效率的提高都有重要的影响。因此，粮食主产区的农户资金投入的规模、结构等行为偏好以及自身资源禀赋对农业生产效率的影响是本书的第三个研究重点。

一般来说，粮食产量增长主要取决于粮食综合生产能力的增长。粮食综合生产能力的提高一般是通过两种途径来实现的：一种是粮食生产要素投入的增加；另一种是单位生产要素带来产量的提高，即全要素生产率（TFP）的增长。由于农业资源的稀缺性（以及资源规模收益递减作用）和生态环境的压力，粮食综合生产能力的提高不可能依赖于生产要素投入的无限扩张，而只能靠粮食生产效率的不断提高，所以，全要素生产率的增长就成为粮食产量长期增长中最重要的动力源泉。

目前，关于中国粮食生产全要素生产率问题的研究已经取得了比较丰富的先驱性成果。但从研究的区域上看，这些研究还主要集中于全国范围内的研究，缺乏关于黄淮海地区的研究成果，因而在指导黄淮海地区制定具体的粮食发展政策时，就缺乏可以直接参考的成果。另外，从研究方法上总结，近年来关于粮食生产效率测算的研究又取得了重大的进展。因此，以黄淮海地区农户对于农业生产的资金投入为研究角度，对该区粮食生产的全要素生产率问题进行研究。

本章首先对黄淮海地区五省 1979—2013 年农户对于农业生产的资本投入行为进行了描述性分析；其次总结和比较了测算全要素生产率及技术效率方法，在此基础上选用非参数的 HMB 指数方法对黄淮海地区的小麦生产、玉米生产的全要素生产率进行测算，然后用数据包络分析方法对用 HMB 指数方法得到的各种效率指数的变化趋势进行解释，并且为非效率决策单元（DMU）提供一个提高效率的方案。

一 农户生产资本投入行为的描述性统计

（一）年际资本投入数量分析

黄淮海粮食主产区是全国粮食三大主产区之一，2012 年，农作物播种面积占全国农作物播种面积的 30.92%，粮食作物播种面积占全国粮食播种面积的 31.88%；小麦产量占全国小麦产量的 65.62%，玉米产量占全国玉米产量的 29.71%[1]。

考虑到本书中采用粮食成本收益数据的可得性、完整性、连续性，本书选用了国家统计局编制的《全国农产品成本收益资料汇编 (1980—2014)》中黄淮海地区安徽、河北、河南、江苏、山东 1979—2013 年小麦、玉米的生产投入和产出面板数据。其中，3 种生产投入为单位面积的直接生产费用（含种子、化肥、农药、塑料薄膜等中间物质投入）、间接生产费用（含固定资产折旧及管理费等）和劳动力用工作价；2 种产出为单位面积产值和成本纯收益率（减税纯收益与生产总成本的比率）。

（二）粮食生产直接费用投入分析

如表 5-11 所示，小麦生产的直接费用一直高于玉米生产的直接费用，以 50 元为一增长单位，1988 年小麦生产的直接费用为 58.194 元/亩，1994 年小麦生产的直接费用为 111.038 元/亩，1995 年小麦生产的直接费用为 150.674 元/亩，进入 21 世纪之后，小麦生产的直接费用以较高幅度，较快速度增加，如 2005 年为 225.048 元/亩，2007 年为 256.796 元/亩，2009 年为 327.850 元/亩，2012 年为 402.310 元/亩。

表 5-11   黄淮海地区粮食生产直接费用的年际变化   （单位：元/亩）

年份	小麦生产 直接费用	玉米生产 直接费用	年份	小麦生产 直接费用	玉米生产 直接费用
1979	29.36	20.13	1984	40.46	21.35
1980	29.42	19.87	1985	43.52	22.62
1981	30.92	21.53	1986	44.27	23.31
1982	34.77	21.15	1987	48.72	27.52
1983	36.93	20.74	1988	58.19	32.91

---

[1] 数据来源于《中国统计年鉴 2013》。

续表

年份	小麦生产 直接费用	玉米生产 直接费用	年份	小麦生产 直接费用	玉米生产 直接费用
1989	72.93	40.29	2002	171.64	115.13
1990	84.01	47.90	2003	164.41	103.79
1991	82.73	41.33	2004	191.03	133.28
1992	86.93	45.87	2005	225.05	148.84
1993	92.48	46.82	2006	244.80	158.69
1994	111.04	68.55	2007	256.80	173.90
1995	150.67	101.69	2008	286.07	218.05
1996	182.85	105.62	2009	327.85	201.57
1997	187.94	109.47	2010	323.79	217.43
1998	179.98	97.08	2011	366.26	265.69
1999	183.26	100.01	2012	402.31	303.85
2000	168.85	92.63	2013	420.41	308.67
2001	164.00	100.61			

玉米生产的直接费用也随农业生产的发展不断提高，但是增加幅度明显小于小麦的增加幅度。同以 50 元为一增长单位，1994 年玉米生产的直接费用为 68.55 元/亩，比小麦生产直接费用首次高于 50 元的年份推后 6 年，1995 年玉米生产的直接费用（101.69 元/亩）首次突破 100 元，但较同年小麦生产的直接费用（150.67 元/亩），仍处于较低水平。之后玉米生产的直接费用变动的幅度较小，直到 2006 年玉米生产的直接费用才首次高于 150 元，比小麦生产直接费用首次高于 150 元的年份推后 11 年。2008 年玉米生产的直接费用首次高于 200 元，2009 年玉米生产的直接费用为当年小麦生产直接费用的 61.48%，2013 年玉米生产的直接费用为 308.668 元，比同年小麦生产的直接费用少 111.742 元。

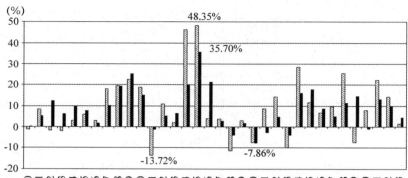

图 5 - 3　黄淮海地区粮食生产直接费用的年际变动幅度

运用公式 [（X_{i+1} – X_i）/X_i] ×100％，对小麦生产和玉米生产 1980—2013 年的直接费用的全序列数据分析表明：小麦生产直接费用增加的年数为 28 个，比例为 82.35％，直接费用减少的年数为 6 个，比例为 17.65％；增加年份的年平均增加率为 11.14％，减少年份的年平均减少率为 3.66％，即小麦生产直接费用的年均波动率在 ±12％ 的范围之内。玉米生产直接费用增加的年数为 26 个，比例为 76.47％，直接费用减少的年数为 8 个，比例为 23.53％；增加年份的年平均增加率 14.17％，减少年份的年平均减少率为 6.85％，即玉米生产直接费用的年均波动率在 ±15％ 的范围之内。根据运算可知，小麦生产直接费用增加的年数多于玉米生产直接费用增加的年数，玉米直接费用的变动幅度 （1995，48.35％；1991，– 13.72％） 要大于小麦直接费用的变动幅度 （1995，35.70％；2000，– 7.86％）。具体见图 5 - 3。

（三）粮食生产间接费用和人工成本投入分析

根据表 5 - 12 可知，除 1991 年、2007 年、2008 年这三个年份的玉米生产的间接费用高于小麦生产的间接费用，其他年份小麦生产的间接费用一直高于玉米生产的间接费用，以 5 元为一增长单位，1985 年小麦生产的间接费用为 5.536 元/亩，1992 年小麦生产的间接费用为 10.062 元/亩，1995 年小麦生产的间接费用为 15.176 元/亩，但是

1998—2002 年这一阶段，小麦的间接生产费用一直处于下降状态。直到 2004 年，小麦生产的间接费用猛增至 21.4 元/亩。但是后续几年小麦生产的间接费用仍处于较低水平（≤10 元），直到 2012 年，小麦生产的间接费用才再次高于 10 元/亩。

表 5-12　黄淮海地区粮食生产间接费用和人工成本的年际变化

（单位：元/亩）

年份	小麦间接费用	小麦人工成本	玉米间接费用	玉米人工成本
1979	4.21	24.14	3.88	22.59
1980	4.27	22.75	3.87	20.24
1981	4.28	23.40	3.61	22.76
1982	3.81	19.89	3.48	17.90
1983	4.47	18.36	4.21	16.70
1984	4.80	24.49	4.20	24.18
1985	5.54	21.90	3.93	22.23
1986	4.54	20.97	4.11	23.17
1987	4.88	26.45	4.45	30.13
1988	5.70	27.86	5.21	34.89
1989	6.74	37.43	6.64	40.09
1990	8.20	38.63	6.50	47.97
1991	7.63	44.33	8.52	50.51
1992	10.06	48.44	8.81	56.70
1993	10.08	48.65	9.16	59.41
1994	12.48	61.47	10.89	76.33
1995	15.18	87.07	13.83	101.63
1996	16.26	114.27	14.34	141.04

续表

年份	小麦间接费用	小麦人工成本	玉米间接费用	玉米人工成本
1997	17.12	110.80	14.09	141.00
1998	13.24	94.86	11.46	118.39
1999	12.81	91.83	11.26	106.44
2000	12.20	87.40	11.31	109.40
2001	10.90	84.03	9.79	108.58
2002	10.04	85.74	9.15	110.22
2003	10.39	77.50	9.08	103.26
2004	21.40	91.47	20.75	112.85
2005	7.02	96.51	6.66	125.22
2006	5.08	99.10	4.61	129.14
2007	4.60	106.85	4.91	138.86
2008	4.74	115.85	5.04	150.84
2009	6.60	128.11	5.47	165.61
2010	7.91	154.92	5.58	202.76
2011	9.07	197.97	5.72	249.26
2012	10.80	253.25	6.57	341.41
2013	11.45	298.73	8.31	382.92

玉米生产的间接费用随粮食生产的发展不断变动，但是整体变动幅度较小。同以 5 元为一增长单位，1988 年玉米生产的间接费用为 5.21 元/亩，比小麦生产间接费用首次高于 5 元的年份推后 3 年，1994 年玉米生产的间接费用（10.89 元/亩）首次突破 10 元，但较同年小麦生产的间接费用（12.48 元/亩），仍处于较低水平。自 1996 年到 2003 年，玉米生产的间接费用一直处于下降状态，在一定程度上缓解了农民种植玉米的经济成本压力。但是在 2004 年，玉米生产的间接费用快速升至 20.748 元/亩，之后又快速下降至 4.606 元/亩（2006 年）。直至 2013 年，玉米生产的间接费用才缓慢上升至 8.314 元/亩。

运用公式 $[(X_{i+1}-X_i)/X_i]\times100\%$，对小麦生产和玉米生产 1979—2013 年的间接费用的全序列数据分析表明：小麦生产间接费用增加的年数为 23 个，比例为 67.65%，间接费用减少的年数为 11 个，比例为 32.35%；增加年份的年平均增加率为 17.71%，减少年份的年平均减少率为 17.23%，即小麦生产间接费用的年均波动率在 ±18% 的范围之内。玉米生产间接费用增加的年数为 20 个，比例为 58.82%，间接费用减少的年数为 14 个，比例为 41.18%；增加年份的年平均增加率为 17.96%，减少年份的年平均减少率为 11.49%，即玉米生产间接费用的年均波动率同小麦类似，同样在 ±18% 的范围之内。根据运算可知，小麦生产间接费用增加的年数多于玉米生产间接费用增加的年数，玉米间接费用整体的变动幅度（2004，128.60%；2005，-67.92%）要大于小麦间接费用的变动幅度（2004，106.01%；2005，-67.20%）。

同玉米生产的物质费用一直低于小麦生产的物质费用的事实不同，玉米生产的人工费用只有在 1979 年到 1984 年这一期间低于小麦生产的人工费用，自 1985 年开始，玉米生产的人工费用一直高于小麦生产的人工费用。同以 50 元为一增长单位，1991 年玉米生产的人工费用首次多于 50 元，为 50.514 元/亩，早于小麦生产的人工费用首次多于 50 元（1994，61.466 元/亩）3 年，在 1995 年玉米生产的人工费用首次超过 100 元/亩，此后玉米生产的人工费用一直高于 100 元，并在 2008 年玉米生产的人工费用超过 150 元，并逐年较大幅度递增，2010 年超过 200 元/亩，2013 年超过 350 元/亩，为 382.92 元/亩。而小麦生产的人工费用除了 1996 年、1997 年超过 100 元/亩，直到 2007 年，小麦生产的人工费用才超过 100 元/亩，2010 年小麦生产的人工费用超过 150 元/亩，2013 年的人工成本为 298.732 元/亩，较之玉米低将近 90 元。

运用公式 $[(X_{i+1}-X_i)/X_i]\times100\%$，对小麦生产和玉米生产 1980—2013 年的人工费用的全序列数据分析表明：小麦生产人工费用增加的年数为 23 个，比例为 67.65%，人工费用减少的年数为 11 个，比例为 32.35%；增加年份的年平均增加率为 16.46%，减少年份的年平均减少率为 7.47%，即小麦生产间接费用的年均波动率在 ±17 范围之内。玉米生产人工费用增加的年数为 25 个，比例为 73.53%，人工费用减少的年数为 8 个，比例为 26.47%；增加年份的年平均增加率为 16.51%，减少年份的年平均减少率为 8.86%，即玉米生产间接费用的年均波动率同小麦类似，同样在 ±17% 的范围之内。根据运算可知，玉米生产人工费用增加的年数多于小麦生产人工费用增加的年数，玉米人工费用整体的变动幅度（1984，44.78%；1982，−21.35%）要大于小麦间接费用的变动幅度（1995，41.66%；1982，−15.00%）。具体见图 5−4。

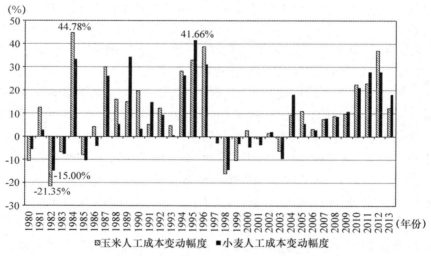

图 5−4　黄淮海地区粮食生产人工成本的年际变动幅度

（四）年际资本收益分析

根据表 5−13 可知，小麦产值从 1979 年的 79.09 元增加到 2013 年的 956.91 元，产值增长了 12.10 倍，年均递增 9.35%。34 年的小麦产值呈 N 形波动发展，经历了"产值增加—产值减少—产值增加"的发展轨迹。以 100 元为一增长单位，小麦产值首次突破 100 元、200 元、300 元、400 元、500 元的年份分别是 1984 年、1992 年、1994 年、1995 年、1996 年，由此可见在 20 世纪 90 年代初期小麦产值的增加幅度较大，增加速度也较快。这一时期农户种植小麦能够获

得较高生产性收入，但是在 1998—2003 年，小麦产值处于波动下降
的状态，尤其是 2002 年的小麦产值跌至 324.48 元，较大程度打击了
农民种植小麦的生产积极性。自 2003 年开始，小麦产值进入恢复性
增长时期，2004 年小麦产值重新突破 500 元，达到历史最高点，为
574.63 元。

表 5 - 13　　　　黄淮海地区粮食生产产值合计和成本利润率　　（单位：元;%）

年份	小麦产值合计	小麦成本利润率	玉米产值合计	玉米成本利润率
1979	79.09	33.99	60.16	25.11
1980	70.09	21.61	66.24	44.51
1981	78.51	31.35	68.87	38.20
1982	84.14	42.28	66.87	67.29
1983	93.84	54.57	77.33	80.45
1984	129.12	81.71	101.03	100.31
1985	118.53	60.41	109.37	113.65
1986	140.62	94.61	133.76	153.13
1987	138.76	68.09	133.21	106.73
1988	144.72	53.07	164.16	117.64
1989	180.10	47.53	207.61	132.55
1990	169.97	26.46	177.80	70.70
1991	142.52	− 0.08	179.77	77.26
1992	210.12	39.72	202.74	80.24
1993	223.17	44.51	251.52	118.39
1994	325.55	69.35	363.01	122.41
1995	484.82	84.69	542.95	150.51
1996	553.39	70.98	461.36	73.03
1997	512.40	56.53	436.32	61.07

续表

年份	小麦产值合计	小麦成本利润率	玉米产值合计	玉米成本利润率
1998	370.20	18.87	456.44	84.14
1999	412.10	32.87	349.57	48.36
2000	305.99	4.32	330.08	38.91
2001	353.30	25.04	391.92	61.11
2002	324.48	8.10	393.53	48.33
2003	367.54	29.70	341.08	34.89
2004	574.63	68.02	537.30	74.47
2005	504.65	32.02	444.43	34.71
2006	570.12	42.22	563.91	62.87
2007	613.29	40.90	673.26	73.32
2008	698.86	41.33	645.56	40.63
2009	777.53	36.64	794.73	68.93
2010	793.87	31.29	847.74	57.75
2011	857.57	21.68	981.71	51.55
2012	885.36	9.05	1061.16	33.71
2013	956.91	7.63	1004.85	17.40

　　根据图5-5所示，玉米产值从1979年的60.16元上升到2013年的1004.85元，产值增长了16.70倍，年均递增10.19%。34年的玉米产值的发展轨迹同小麦产值的发展轨迹类似，同样经历了"产值增加—产值减少—产值增加"的发展过程。同以100元为一增长单位，玉米产值首次突破100元、200元、300元、500元的年份分别是1984年、1989年、1994年、1995年，但是在1979—1987年，玉米的产值始终低于小麦产值，说明这一期间玉米除了粮食属性，还没有被挖掘出其他的商品属性。自1988年开始，只有9个生产年份的

玉米产值低于小麦的产值，其余的 17 个生产年份的玉米产值均高于小麦产值，在 2012 年，玉米产值与小麦产值的差距达到历史最大值，达到 175. 80 元。

图 5 - 5　黄淮海地区粮食生产产值变化图

　　运用公式 〔（X_{i+1} − X_i）/X_i〕×100% ，对 1979—2013 年的小麦产值和玉米产值的全序列数据分析表明：小麦产值增加的年数为 24 个，比例为 70. 59% ，产值减少的年数为 10 个，比例为 29. 41% ；增加年份的年平均增加率为 18. 41% ，减少年份的年平均减少率为 12. 39% ，即小麦产值的年均波动率在 ±18% 的范围之内。玉米产值增加的年数为 23 个，比例为 67. 65% ，产值减少的年数为 11 个，比例为 32. 35% ；增加年份的年平均增加率为 19. 73% ，减少年份的年平均减少率为 9. 74% ，即玉米产值的年均波动率在 ±20% 的范围之内。

　　如图 5 - 6 所示，玉米的成本利润率在绝大多数生产年份比小麦的成本利润率高，在某些生产年份两者相距较大，尤其是在 1988—1995 年，如 1989 年两者差距为 85. 02% （玉米，132. 55% ；小麦，47. 53% ）、1991 年为 77. 34% （玉米，77. 26% ；小麦，− 0. 08% ）、

1993 年为 73.88%（玉米，118.39%；小麦，44.51%）、1995 年为 65.82%（玉米，150.51%；小麦，84.69%）。玉米成本利润率与小麦成本利润率差距超过 50% 的年数有 9 个，低于 25% 的年数有 12 个，只有 1979 年、2008 年的小麦成本利润率高于玉米的成本利润率。

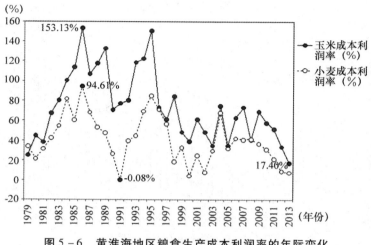

图 5－6　黄淮海地区粮食生产成本利润率的年际变化

二　粮食资本投入的生产率评价方法

HMB 生产率指数是根据三位学者希克斯（Hicks，1961）、穆尔斯廷（Moorsteen，1961）及布胡里克（Bjurek，1996）的贡献而命名的。该指数是以曼奎斯特（Malmquist）生产率指数定义的，因此 HMB 指数被称为 Malmquist 生产率指数的扩展。而 Malmquist 生产率指数又是以距离函数为基本工具，故有必要简要介绍距离函数和 Malmquist 生产率指数的定义与计算方法。

（一）距离函数及计算方法

距离函数可以从投入和产出两个不同的角度给出，投入距离函数是在给定产出的条件下，用投入向量能够向内缩减的程度来衡量生产技术的有效性；产出距离函数则是在给定投入的条件下，考察产出向量的最大扩张幅度。

对于 m 种投入、k 种产出的生产活动，我们用 m 维向量 x 表示其投入向量，用 k 维向量 y 表示其产出向量，用 $P(X)$ 表示产出集合，它包含在一定技术条件下，用投入 X 所能够生产的全部产出向量。即

$P(X) = \{Y: Y$ 可以用投入量 X 生产出来$\}$

在 $P(X)$ 上定义的产出距离函数 $D_0(X, Y)$ 为：

$$D_0(X, Y) = Min\{\delta: (Y/\delta) \in P(X)\} \tag{1}$$

根据定义，如果 $D_0(X, Y) > 1$，表明用现有的投入 X 生产不出 Y；如果 $D_0(X, Y) \leq 1$，它测度的就是技术效率，如果 $D_0(X, Y) = 1$，表明生产单元位于生产前沿上，因此具有充分的技术效率。

仿照产出集合和产出距离函数的定义，投入集合和投入距离函数可定义为：

$L(Y) = \{X: X$ 能生产出 $Y\}$

$$D_1(X, Y) = Max\{\rho: (X/\rho) \in L(Y)\} \tag{2}$$

与产出角度的解释相反，如果 $D_1(X, Y) < 1$，表明用现有的投入 X 生产不出 Y；如果 $D_1(X, Y) \geq 1$，它测度的是投入角度的技术效率；如果 $D_1(X, Y) = 1$，表明生产单元位于生产前沿上，因此具有充分的技术效率。

由于距离函数的定义与数据包络分析（data envelopment analysis, DEA）径向技术效率的定义类似（互为倒数），所以我们可以用 DEA 的数学规划方法求解距离函数。产出角度（式3）和投入角度（式4）距离函数的数学规划可分别写为：

$[D_0(X, Y)]^{-1} = max\alpha$

$s.t. \ -\alpha y_i + Y\lambda \geq 0$

$x_i - X\lambda \geq 0$

$$\lambda \geq 0 \tag{3}$$

$[D_1(X, Y)]^{-1} = min\theta$

$s.t. \ -\theta y_i + Y\lambda \geq 0$

$\theta x_i - X\lambda \geq 0$

$$\lambda \geq 0 \tag{4}$$

其中，y_i 为第 i 个省份 $M \times 1$ 维的产出向量；x_i 为第 i 个省份 $K \times 1$ 维的投入向量；Y 为所有 N 个省份 $N \times K$ 维的产出矩阵；X 为所有 N

个省份 $N \times K$ 维的投入矩阵；λ 为 $N \times 1$ 维的权重向量；α 和 θ 为标量（scalar）。

（二）Malmquist 生产率指数

从 s 时期到 t 时期，以 S 时期的技术 T^s 为参照的 Malmquist 指数定义为：

$$M_0^S\left(y_s,\ x_s,\ y_t,\ x_t\right)\ = D_0^S\left(y_s,\ x_t\right)/D_0^S\left(y_s,\ x_s\right) \tag{5}$$

同样，从 s 时期到 t 时期，以 T 时期的技术 T^T 为参照的 Malmquist 指数定义为：

$$M_0^t\left(y_s,\ x_s,\ y_t,\ x_t\right)\ = D_0^t\left(y_t,\ x_t\right)/D_0^t\left(y_t,\ x_s\right) \tag{6}$$

仿照 Fisher 理想指数的构造方法，Caves 等（1982）用上述两式的几何平均值，即式（7）作为从 s 时期到 t 时期的 Malmquist 生产率指数。当其大于 1 时，说明从 s 时期到 t 时期发生了 TFP 的增长。

$$M_0(y_s,x_s,y_t,x_t)\ = \left[\frac{D_0^s(y_s,x_t)}{D_0^s(y_x,x_s)}\times\frac{D_0^t(y_t,x_t)}{D_0^t(y_t,x_s)}\right]^{1/2} \tag{7}$$

类似产出角度的定义，投入角度的 Malmquist 生产率指数为：

$$M_1(y_s,x_s,y_t,x_t)\ = \left[\frac{D_I^s(y_s,x_t)}{D_I^s(y_s,x_s)}\times\frac{D_I^t(y_t,x_t)}{D_I^t(y_t,x_s)}\right]^{1/2} \tag{8}$$

（三）HMB 生产率指数及分解

由于 Malmquist 生产率指数的构造要么从投入角度、要么从产出角度定义或计算，而从投入角度和从产出角度计算的结果是不同的，这就造成了使用 Malmquist 生产率指数的两个弊端，投入角度和产出角度选择的随意性以及不同角度计算结果的不可比性。为了克服上述缺陷，布胡里克使用产出角度与投入角度的 Malmquist 生产率指数的比率作为一个可行的解决办法，即 HMB 生产率指数为：

$$HMB\left(y_s,\ x_s,\ y_t,\ x_t\right)\ = M_0\left(y_s,\ x_s,\ y_t,\ x_t\right)/M_I\left(y_s,\ x_s,\ y_t,\ x_t\right) \tag{9}$$

HMB 生产率指数除了上述优点以外，它还可以分解成四个部分（自然对数）。

$$\ln HMB\left(y_s,\ x_s,\ y_t,\ x_t\right)\ = \ln TC_{s,t} + \ln EC_{s,t} + \ln SC_{s,t} + \ln ME_{s,t} \tag{10}$$

分解式的前两项 TC 和 EC 分别表示从 S 到 T 时期的技术进步和技术效率变化。

$$\ln TC_{s,t} = \ln \left[\frac{D_0^t\ (x_s,\ y_s)\ D_0^t\ (x_t,\ y_t)}{D_0^s\ (x_s,\ y_s)\ D_0^s\ (x_t,\ y_t)} \right]^{1/2} \tag{11}$$

$$\ln EC_{s,t} = \ln \left[\frac{D_0^t\ (x_t,\ y_t)}{D_0^s\ (x_s,\ y_s)} \right] \tag{12}$$

这两项等同于 Fare 等人（1994）对产出角度 Malmquist 生产率指数的分解，因此 HMB 指数可以看成是 Malmquist 生产率指数的"放大"，因为它除这两项之外，还包含规模变化部分 SC 和投入产出混合效应 ME 两部分。

$$\ln SC_{s,t} = \ln \left[\frac{\rho_0^s + \rho_0^t}{2} - 1 \right] \ln S_{s,t} \tag{13}$$

式中：

$\rho_0^s = - \ln \left[D_0^s\ (S_{s,t} x_s,\ y_s)\ /D_0^s\ (x_s,\ y_s) \right] /\ln \left[D_i^s\ (S_{s,t} x_s,\ y_s)\ /D_i^s\ (x_s,\ y_s) \right]$

$\rho_0^t = - \ln \left[D_0^t\ (x_t,\ y_t)\ /D_0^t\ (x_t/S_{s,t},\ y_t) \right] /\ln \left[D_i^t\ (x_t/S_{s,t},\ y_t) \right]$

$S_{s,t} = M_1\ (y_s,\ x_s,\ y_t,\ x_t)$

其中 ρ_0^s 和 ρ_0^t（介于 0 和 1 之间）分别表示 S 时期和 T 时期的规模弹性，$S_{s,t}$ 表示投入角度的 Malmquist 生产率指数。如果规模弹性大于 1，则意味着规模经济，扩大规模总能促进生产率的增长；反之，则意味着规模不经济。式（13）用投入角度的 Malmquist 生产率指数与 S 时期和 T 时期规模弹性的变化的乘积表示生产规模的变动，其值大于零意味着规模变化促进了生产率的增长，反之，则阻碍了生产率的提高。

$$\ln ME_{s,t} = \frac{1}{2} \ln \left\{ \frac{D_0^x\ (S_{s,t} x_s,\ r_{s,t} y_s)\ D_0^t\ (x_t,\ y_t)}{D_0^s\ (x_t,\ y_t)} \right\} + \frac{1}{2} \ln$$

$$\left\{ \frac{D_0^t\ (x_s,\ y_s)}{D_0^t\ (x_t/S_{s,t},\ y_t/r_{s,t})} \right\} \tag{14}$$

式中 $r_{s,t} = M_0\ (y_s,\ x_s,\ y_t,\ x_t)$。投入产出的混合效应 ME 表明投入和产出量的变化也会对生产率的变化产生影响，它抓住了没有被技术进步、生产效率和规模经济所反映的部分。

与其他生产率指数相比较，HMB 生产率指数显然有许多其他指数所不可拟的良好性质，它除满足一般生产率所具有的性质外，对生产率变化的分解是最完备的，而且避免了 Malmquist 生产率指数只能从一个角度分解的缺陷。鉴于它的优良性质，本书使用 HMB 生产率指数计算和分解中国农业生产的 TFP 及变化，并解释各个部分的变化趋势及原因。

三　农户资本投入行为的实证分析

（一）小麦资本投入效率分析

1. HMB 指数及其分解分析

本书首先计算了以 1979 年为参照的 1980—2013 年各年份及各省的 HMB 指数及其分解的 4 个指数，从总体上分析了这 5 个指数随时间的变化和各省之间的差异及其原因。其次，应用 DEA 方法对时间序列以及各省之间的技术效率变化进行了分析，并且提出了一个提高效率的方案。

从表 5 - 14 和图 5 - 7 可以看出，1980—2013 年，HMB 指数在年际间出现了较大的波动，并且呈现了整体减小的趋势。这表明，黄淮海地区小麦生产的全要素生产率是在波动中下降的，这与小麦的成本收益率的变动趋势类似，说明黄淮海地区小麦单位成本收益下降与小麦全要素生产率是相关的。观察其变动系数，为 0.274，整体的变动幅度还是较大。在这段时期，技术效率指数和要素混合效率指数的变化比较平稳，基本在 1 值上下小幅波动（技术效率变化：min：0.842，max：1.167；要素混合效率指数：min：0.841，max：1.189），说明黄淮海地区小麦生产一直处于技术效率和要素混合效率较平稳的状态。因此，在最近一段时期尤其是近五年，HMB 呈现下降趋势的主要原因是技术进步的下降，说明近期推广的技术并没有起到应有的作用。原因主要有以下几点：一是在近五年关于小麦生产的关键技术并没有显著突破；二是小麦生产早已进入供求平衡状态，甚至在很多地区出现供过于求的状态，单位面积的小麦纯效益下降，导致农户采用新技术的动力减弱；此外，20 世纪 80 年代以来比较成熟的技术，如高产良种、抗旱等，早已在粮产地区进行了较好的普及，技术进步呈现内生化状态。与之相反的是，规模效率一直是上升的，说明目前黄淮海地区冬小麦的种植规模一直是有效的，并且还有进一步提高的空间。种植规模一直有效的原因有以下几点：一是单位面积土地上的物质要素投入接近于最优规模，尽量避免资源浪费；二是随着技术进步的作用，尤其是农用拖拉机、联合收割机、秸秆还田机、精少量播种机等各种农用机械的推广和采用，适应了粮产区大规模生产的需要，农户获得了相应的规模收益。

表 5-14　　1979—2013 年黄淮海地区五省平均的小麦生产效率指数

年份	TC	EC	SC	ME	HMB
1980	0.911	0.969	0.962	1.039	0.883
1981	1.099	1.042	0.986	1.013	1.144
1982	1.163	0.947	0.971	1.029	1.100
1983	0.941	1.070	1.027	0.974	1.007
1984	1.165	1.017	1.047	0.955	1.184
1985	0.852	1.038	1.002	0.997	0.884
1986	1.291	1.019	1.030	0.971	1.315
1987	0.787	0.996	1.004	0.996	0.784
1988	0.875	0.988	0.973	1.028	0.865
1989	0.852	1.004	0.998	1.003	0.856
1990	0.748	1.012	1.008	0.991	0.756
1991	0.767	0.842	0.841	1.189	0.646
1992	1.557	1.167	1.188	0.841	1.816
1993	1.042	1.029	1.021	0.980	1.072
1994	1.171	1.005	1.002	0.998	1.177
1995	1.049	0.970	0.963	1.038	1.017
1996	0.830	1.040	1.050	0.952	0.863
1997	0.849	0.985	0.975	1.025	0.836
1998	0.866	0.921	1.000	1.000	0.798
1999	1.018	1.058	0.985	1.015	1.077
2000	0.522	1.044	1.033	0.968	0.545
2001	1.675	0.954	0.954	1.048	1.598

续表

年份	TC	EC	SC	ME	HMB
2002	0.713	1.021	1.021	0.979	0.728
2003	1.658	0.990	0.990	1.010	1.641
2004	1.235	0.924	0.956	1.047	1.142
2005	1.035	1.102	1.066	0.938	1.141
2006	1.253	0.936	0.942	1.062	1.173
2007	0.962	1.011	1.007	0.993	0.973
2008	1.043	0.990	1.002	0.998	1.033
2009	0.856	1.073	1.058	0.945	0.918
2010	0.974	0.935	0.960	1.043	0.912
2011	0.800	1.062	1.039	0.962	0.849
2012	0.728	0.974	1.008	0.993	0.710
2013	0.769	1.039	1.009	0.990	0.798
标准差	0.259	0.060	0.052	0.052	0.273
均值	0.994	1.002	1.001	1.001	0.997
变动系数	0.261	0.060	0.052	0.052	0.274

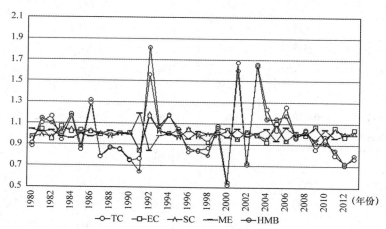

图 5 - 7　1979—2013 年黄淮海地区 5 省平均的小麦生产效率指数变化

其次，根据表 5-15 可知，从按照时间序列平均计算出的各省小麦生产效率情况分析，不同省份小麦生产的 HMB 指数差距较小（变动系数仅为 0.009），各省份的小麦生产与 1980 年相比，HMB 指数均有所下降。效率差距较小的原因是规模效率的相似（变动系数仅为 0.002），表明各省之间在单位面积上投入要素的规模效率几乎没有差异。并且，除江苏省外，各省的小麦生产的技术效率变化均为有效。但是，各省的小麦生产技术均处于下降状态，抵消了规模效率上升的影响。要素混合效率在这一时期的变化较为平稳，区域间差异较小。说明各省小麦生产单位面积的物质要素配比十分稳定，各物质生产要素也都发挥了自身的作用。

表 5-15　　　黄淮海地区五省历年平均的小麦生产效率指数

指数	河北	江苏	安徽	山东	河南	标准差	均值	变动系数
TC	0.974	0.971	0.966	0.985	0.959	0.010	0.971	0.010
EC	1.010	0.999	1.000	1.000	1.009	0.005	1.004	0.005
SC	1.001	1.000	1.000	1.000	1.004	0.002	1.001	0.002
ME	0.998	1.000	1.000	1.000	0.996	0.002	0.999	0.002
HMB	0.983	0.970	0.966	0.985	0.968	0.009	0.974	0.009

2. 应用数据包络分析法（DEA）的进一步分析

为了解释纯技术效率指数、要素混合效率指数、规模效率指数变化的原因，并给出非效率决策单元（DMU）的一个改善效率的方案，需要运用数据包络分析法做进一步的分析。用该法可直接算出纯技术效率和规模效率，其中，纯技术效率是下列线性规划的最优解 θB：

$\min \theta_B$

s. t. $\theta_B x_0 - X\lambda \geqslant 0$；$Y\lambda \geqslant y_0$；$e\lambda = 1$；$\lambda \geqslant 0$

其中，e 是单位行向量；λ 是非负列向量；$\lambda = (\lambda_1 \cdots\cdots \lambda_s)^{T}$；规模效率是技术效率与纯技术效率的比例，而技术效率是上述线性规划中去掉约束条件 $e\lambda = 1$ 后的最优解。用数据包络分析法虽不能直接算出要素混合效率，但可以算出反映要素混合非效率的原因，即投入（或产出）的冗余（或不足）的数值。

首先，通过对各年度 5 个省投入和产出数据求平均值后形成的时间序列数据进行数据包络分析，可以观察小麦生产技术效率的变化情况、小麦生产投入（或产出）的冗余（或不足）程度和生产的规模收益情况，以及为达到最优效率应改进的投入（或产出）水平（结果见表 5 - 16）。

在表 5 - 16 中，第 1 列的 TE 是根据数据包络分析中的规模收益不变模型（CCR 模型）计算出的技术效率，如果该值为 1，则表明决策单元（DMU）处于生产边界上，且物质要素投入水平和产出水平都在最优的生产规模上；如果该值不为 1，则表明物质要素投入水平和产出水平不是最优的生产规模。第 2 列至第 4 列表示物质要素投入水平的冗余程度，第 5 列、第 6 列表明产出水平的不足状况。第 7 列至第 11 列表明小麦生产达到最大效率时需要调整的投入水平和产出水平。最后一列表明小麦生产所处的规模收益阶段。

表 5 - 16　　　　　按省份平均的时间序列数据包络分析结果

年份	TE	ZJ	JJ	RG	CZ	CS	CZ	CS	ZJ	JJ	RG	规模收益
1979	0.39	0.51	0	0	0	49.52	0	49.52	-13.56	-1.68	-11.91	递增
1980	0.47	0	0.44	0	0	0.73	0	0.73	-8.03	-1.90	-8.86	递增
1981	0.68	3.05	0	0	0	0	0	0	-9.18	-0.51	-4.76	递增
1982	1	0	0	0	0	0	0	0	0	0	0	不变
1983	0.91	1.61	1.75	0	0	0	0	0	-2.86	-2.09	-0.91	递增
1984	1	0	0	0	0	0	0	0	0	0	0	不变
1985	0.97	1.44	0.51	0	0	0.82	0	0.82	-2.19	-0.62	-0.67	递增
1986	1	0	0	0	0	0	0	0	0	0	0	不变
1987	0.70	0	0.22	0	0	0	0	0	-8.38	-1.46	-9.61	递增
1988	0.58	0	0.09	0	0	0	0	0	-13.04	-1.78	-15.44	递增
1989	0.83	0	0.35	0	0	0	0	0	-5.45	-1.21	-6.42	递增

续表

年份	TE	ZJ	JJ	RG	CZ	CS	CZ	CS	ZJ	JJ	RG	规模收益
1990	0.75	12.28	0	0	0	50.29	0	50.29	−25.65	−1.13	−10.20	递增
1991	0.68	0	1.09	0	0	3.88	0	3.88	−10.80	−3.47	−14.99	递增
1992	0.71	0	0.68	0	0	11.09	0	11.09	−9.61	−2.76	−13.70	递增
1993	1	0	0	0	0	0	0	0	0	0	0	不变
1994	0.57	0	0.53	0	0	11.16	0	11.16	−22.37	−3.44	−27.79	递增
1995	1	0	0	0	0	0	0	0	0	0	0	不变
1996	0.70	0	0	31.70	0	119.45	0	119.45	−24.46	−3.06	−76.14	递增
1997	0.67	0	0	14.60	0	92.91	0	92.91	−27.26	−3.25	−56.01	递增
1998	0.71	0	0	14.34	0	88.75	0	88.75	−19.12	−2.55	−44.84	递增
1999	0.62	0	0	2.13	0	51.50	0	51.50	−30.15	−2.89	−40.05	递增
2000	0.54	0	0	1.54	0	103.73	0	103.73	−33.65	−4.57	−46.61	递增
2001	0.60	0	0.69	0	0	96.53	0	96.53	−31.77	−5.25	−40.76	递增
2002	0.60	0	0	2.88	0	69.72	0	69.72	−33.77	−3.43	−46.05	递增
2003	0.30	0	0	0.49	0	0	0	0	−55.67	−4.63	−68.36	递增
2004	0.73	4.14	2.78	0	0	575.57	0	575.57	−37.40	−8.26	−30.04	递增
2005	0.55	4.37	0	0	0	71.28	0	71.28	−59.81	−3.12	−60.65	递增
2006	0.80	3.76	0	0	0	47.54	0	47.54	−29.23	−1.25	−28.36	递增
2007	0.84	16.42	0	0	0	40.92	0	40.92	−40.33	−0.84	−23.85	递增
2008	0.97	60.88	0	35.45	0	28.58	0	28.58	−67.38	−0.10	−41.55	递增
2009	1	0	0	0	0	0	0	0	0	0	0	不变
2010	0.91	0	0	10.75	0	34.63	0	34.63	−15.88	−0.38	−29.61	递增
2011	0.93	15.46	0	24.86	0	42.51	0	42.51	−30.32	−0.30	−42.06	递增
2012	0.74	0	0	55.47	0	129.97	0	129.97	−66.93	−2.22	−150.76	递增
2013	0.59	0	0	26.27	0	158.50	0	158.50	−111.74	−4.52	−172.26	递增

1979—2013 年，黄淮海五省平均技术有效率（TE＝1）的年份只有 1982 年、1984 年、1986 年、1993 年、1995 年、2009 年这六年。

所以，整体分析，黄淮海地区小麦生产的技术效率水平比较差。一方面，是因为小麦生产的投入产出比例不合理，在 TE≠1 的年份，分为1995 年之前和 2004—2008 年这两个阶段，小麦生产中的直接生产费用和间接生产费用出现了冗余；1996—2003 年和 2010—2013 年这两个阶段，小麦生产中劳动力投入也有一定冗余，投入冗余造成一定程度的技术效率水平较低。另一方面，从规模收益角度上分析，小麦生产除了1982 年、1984 年、1986 年、1993 年、1995 年、2009 年处于规模收益不变的状态外，其余年份均处于规模收益递增阶段，说明小麦现有的生产规模偏小，应当按照同比例扩大物质要素的投入，进而提高整体的收益水平。因此，表 5 - 16 还给出了非效率决策单元（DMU）的一个改善效率的方案。例如，为使 2013 年小麦生产达到技术效率最大的一个改善方案是，在直接费用（ZJ）、间接费用（JJ）及劳动力用工作价（YG）比现有投入量分别减少 30.15 元、2.89 元和 40.05 元，将成本收益率（CS）提高 158.50%，并在此基础上适当扩大生产规模。

其次，对黄淮海五省按时间求平均值后进行数据包络分析（结果见表 5 - 17）。从表 5 - 17 可以看到，这五个省中，河北和河南的小麦生产的技术效率达到了最优状态，而安徽、江苏、山东分别由于物质投入比例不合理、产出不足等问题，依旧处于规模效益递增的阶段。从改善方案上看，为使山东小麦生产的技术效率值达到1，需要将直接生产费用、间接生产费用及劳动力用工作价比现有投入量分别减少 7.581 元、1.235 元、9.623 元的同时，将成本收益率（CS）提高 35.913%，并在此基础上适当扩大生产规模。

表 5 - 17　按时间平均的各县（市）数据的数据包络分析结果

省份	TE	ZJ	JJ	RG	CZ	CS	CZ	CS	ZJ	JJ	RG	规模收益
安徽	0.703	0	0.219	0	0	39.138	0	39.138	-10.455	-1.619	-7.87	递增
河北	1	0	0	0	0	0	0	0	0	0	0	不变
河南	1	0	0	0	0	0	0	0	0	0	0	不变
江苏	0.99	0	0.903	0	0	9.425	0	9.425	-0.313	-0.949	-0.223	递增
山东	0.746	0	0	1.773	0	35.913	0.00	35.913	-7.581	-1.235	-9.623	递增

（二）玉米资本投入效率分析

1. HMB 指数及其分解分析

从表 5 - 18 可以看出，1980—2013 年，HMB 指数在年际间出现了较大的波动（min：0.661，max：1.621），并且呈现了整体减小的趋势。这表明，黄淮海地区玉米生产的全要素生产率是在波动中下降的。观察 HMB 变动系数，为 0.27，整体的变动幅度还是较大。在这段时期，要素混合效率指数的变化比较平稳，基本在 1 上下小幅波动（min：0.857，max：1.182），说明黄淮海地区玉米生产一直处于要素混合效率较平稳的状态。但是技术效率指数的变动幅度较大（min：0.758，max：1.32），说明玉米生产技术的更新速度较快，对玉米生产有较大的影响。但是最近一段时期，HMB 呈现下降趋势的主要原因是技术进步的下降。

原因主要有以下几点：一是在近五年，关键生产技术尤其是提高玉米生产效益的技术并没有显著突破；二是玉米作为粮食作物，生产早已进入供求平衡状态，甚至在很多地区出现供过于求的状态，单位面积的玉米纯效益下降，导致农户采用新技术的动力减弱；此外，20世纪 80 年代以来比较成熟的技术，如高产良种、抗旱等，早已在粮产地区进行了较好的普及，技术进步呈现内生化状态。与之相反的是，规模效率一直较为稳定，说明目前的种植规模是一直处于有效状态的，但是进一步提高的空间有限。说明：一是单位面积土地上的物质要素投入接近于最优规模；二是随着各种新兴技术的推广，适应了粮产区玉米大规模生产的需要，农户获得的规模收益较为稳定。

表 5 - 18　　1979—2013 年黄淮海地区五省平均的玉米生产效率指数

年份	TC	EC	SC	ME	HMB
1980	1.178	1.014	0.998	1.016	1.211
1981	1.110	0.968	0.993	0.975	1.040
1982	1.397	0.758	0.884	0.857	0.803
1983	0.864	1.320	1.117	1.182	1.505
1984	1.100	0.996	1.007	0.989	1.091

续表

年份	TC	EC	SC	ME	HMB
1985	1.085	0.974	0.971	1.003	1.029
1986	1.142	1.037	1.031	1.006	1.228
1987	0.710	1.021	1.008	1.013	0.740
1988	1.085	0.945	0.945	1.000	0.969
1989	0.957	1.037	1.046	0.991	1.029
1990	0.685	0.982	0.984	0.998	0.661
1991	1.043	0.962	0.986	0.976	0.965
1992	1.054	1.005	0.983	1.022	1.065
1993	1.317	0.960	0.958	1.002	1.214
1994	0.969	1.029	1.048	0.982	1.026
1995	1.180	0.957	0.983	0.974	1.081
1996	0.618	1.042	1.054	0.989	0.671
1997	0.873	1.027	1.003	1.024	0.921
1998	1.192	1.046	1.009	1.037	1.304
1999	0.813	0.935	0.963	0.971	0.711
2000	0.857	1.053	1.024	1.028	0.950
2001	1.223	1.005	0.998	1.007	1.235
2002	1.032	0.956	0.989	0.967	0.943
2003	0.939	0.951	0.918	1.036	0.849
2004	0.852	1.133	1.139	0.995	1.094
2005	1.421	0.907	0.935	0.970	1.169
2006	1.403	1.075	1.069	1.006	1.621
2007	1.045	0.974	0.990	0.984	0.991
2008	0.621	1.059	1.016	1.042	0.696
2009	1.454	1.003	0.998	1.005	1.463
2010	0.830	1.009	1.009	1.000	0.845
2011	0.913	0.972	0.997	0.975	0.863
2012	0.814	1.012	1.000	1.012	0.834
2013	0.794	0.982	0.980	1.002	0.766
标准差	0.259	0.059	0.052	0.024	0.270
均值	1.001	1.002	1.002	1.000	1.002
变动系数	0.258	0.059	0.052	0.024	0.270

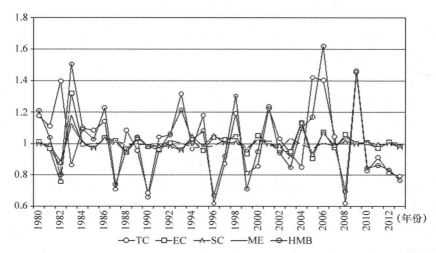

图 5 - 8　1979—2013 年黄淮海地区五省平均的小麦生产效率指数变化图

　　其次，从按照时间序列平均计算出的各省玉米生产效率情况看，不同省份玉米生产的 HMB 指数差距较大（变动系数为 0.025），各省份的小麦生产与 1980 年相比，除江苏外（HMB 指数为 1.006），HMB 指数均有所下降。效率差距较大的原因是技术进步变化指数的差异较大（变动系数为 0.023），表明各省之间在玉米生产技术的研发推广工作中存在较多的差异。安徽和山东的玉米生产的技术效率变化处于无效状态，河北、江苏、河南的玉米生产的技术效率变化处于有效状态。另外，各省玉米生产规模效率和要素混合效率的相似（变动系数仅为 0.001），表明各省之间在单位面积上投入要素的规模效率几乎没有差异，各物质生产要素也都发挥了自身的作用。具体见表 5 - 19。

表 5 - 19　　黄淮海地区五省历年平均的玉米生产效率指数

指数	河北	江苏	安徽	山东	河南	标准差	均值	变动系数
TC	0.961	1.006	0.976	0.998	1.018	0.023	0.992	0.023

指数	河北	江苏	安徽	山东	河南	标准差	均值	变动系数
EC	1.001	1.000	0.998	0.997	1.003	0.002	1.000	0.002
SC	1.001	1.000	0.998	0.999	1.001	0.001	1.000	0.001
ME	1.000	1.000	1.000	0.998	1.002	0.001	1.000	0.001
HMB	0.963	1.006	0.972	0.992	1.024	0.025	0.991	0.025

2. 应用数据包络分析法的进一步分析

运用数据包络分析法做进一步的分析，解释纯技术效率指数、要素混合效率指数、规模效率指数变化的原因，即投入（或产出）的冗余（或不足）的数值，给出非效率决策单元（DMU）的一个改善效率的方案。

首先，通过对各年度 5 个省投入和产出数据求平均值后形成的时间序列数据进行数据包络分析，观察玉米生产技术效率的变化情况、玉米生产投入（或产出）的冗余（或不足）程度和生产的规模收益情况，以及为达到最优效率应改进的投入（或产出）水平（结果见表 5 - 20）。

1979—2013 年，黄淮海五省平均技术有效率（TE = 1）的年份只有 1991 年、1996 年、2003 年、2006 年、2008 年、2011 年这六年。所以，从整体上看，黄淮海地区玉米生产的技术效率水平比较差。一方面，这源于投入产出比例不合理，在 TE ≠ 1 的年份，1991 年之前这个阶段，玉米生产中的间接生产费用和人工费用出现了冗余；1992—2004 年这个阶段，玉米生产中直接生产费用和间接生产费用投入也有一定冗余，2005 年之后主要是劳动力投入出现了冗余，投入冗余造成一定程度的技术效率水平较低。另一方面，从规模收益角度上分析，小麦生产除了 1991 年、1996 年、2003 年、2006 年、2008 年、2011 年处于规模收益不变的状态外，其余年份均处于规模收益递增阶段，说明玉米现有的生产规模偏小，应当按照同比例扩大物质要素的投入，进而提高整体的收益水平。因此，表 5 - 20 还给出了非效率决策单元（DMU）的一个改善效率的方案。例如，为使

2013 年小麦生产达到技术效率最大的一个改善方案是，在直接费用（ZJ）、间接费用（JJ）及劳动力用工作价（YG）比现有投入量分别减少 2.21 元、0.53 元、3.92 元，将成本收益率（CS）提高 20.94％，并在此基础上适当扩大生产规模。

表 5 - 20　　　　按省平均的时间序列数据的数据包络分析结果

年份	TE	ZJ	JJ	RG	CZ	CS	CZ	CS	ZJ	JJ	RG	规模收益
1979	0.55	0	0	−0.81	0	52.96	0	52.96	−9.48	−1.95	−11.09	递增
1980	0.66	0	0	−6.28	0	56.15	0	56.15	−6.14	−1.31	−15.89	递增
1981	0.49	0	0	−0.70	0	50.11	0	50.11	−10.87	−1.40	−10.62	递增
1982	0.58	0	−0.55	0	0	35.25	0	35.25	−8.62	−2.36	−7.80	递增
1983	0.54	0	0	−1.97	0	56.10	0	56.10	−9.17	−1.93	−13.04	递增
1984	0.59	0	−0.54	0	0	50.18	0	50.18	−9.85	−2.55	−8.96	递增
1985	0.61	0	0	−6.24	0	57.56	0	57.56	−7.75	−1.19	−17.11	递增
1986	0.60	0	0	−1.35	0	27.93	0	27.93	−6.13	−1.12	−8.11	递增
1987	0.66	0	−0.68	0	0	32.64	0	32.64	−7.09	−2.18	−6.42	递增
1988	0.69	−0.97	−0.98	0	0	24.08	0	24.08	−7.20	−2.33	−5.10	递增
1989	0.63	0	0	−2.19	0	49.52	0	49.52	−7.42	−1.56	−11.06	递增
1990	0.85	0	0	−10.49	0	55.71	0	55.71	−3.54	−0.44	−15.34	递增
1991	1	0	0	0	0	0	0	0	0	0	0	递增
1992	0.56	−1.34	−0.69	0	0	50.48	0	50.48	−11.91	−2.71	−8.42	递增
1993	0.54	0	0	−0.73	0	57.63	0	57.63	−9.81	−2.20	−11.79	递增
1994	0.36	−0.78	−0.65	0	0	8.10	0	8.10	−16.75	−4.06	−12.89	递增
1995	0.93	0	0	−3.81	0	21.08	0	21.08	−1.55	−0.17	−5.37	递增
1996	1	0	0	0	0	0	0	0	0	0	0	不变
1997	0.74	−2.71	−0.41	0	0	27.58	0	27.58	−8.73	−1.34	−4.45	递增
1998	0.55	0	−0.19	0	0	33.70	0	33.70	−8.82	−1.72	−7.80	递增
1999	0.69	−2.25	−1.25	0	0	44.73	0	44.73	−10.03	−2.85	−5.98	递增
2000	0.78	0	0	−1.18	0	36.11	0	36.11	−5.55	−0.69	−6.16	递增
2001	0.92	−1.42	−1.69	0	0	0	0	0.00	−2.54	−2.00	−0.82	递增
2002	0.83	−4.09	−1.34	0	0	22.54	0	22.54	−8.02	−2.10	−2.71	递增
2003	1	0	−1.31	0	0	0	0	0.00	−0.07	−1.33	−0.07	递增
2004	0.84	0	−0.35	0	0	42.74	0	42.74	−3.98	−1.17	−3.88	递增
2005	0.87	0	0	−11.42	0	67.43	0	67.43	−3.26	−0.46	−15.89	递增

年份	TE	ZJ	JJ	RG	CZ	CS	CZ	CS	ZJ	JJ	RG	规模收益
2006	1	0	0	0	0	0	0	0	0	0	0	不变
2007	0.74	0	0	-1.80	0	40.55	0	40.55	-5.94	-1.03	-7.96	递增
2008	1	0	0	0	0	0	0	0	0	0	0	不变
2009	0.91	-1.29	-0.85	0	0	20.23	0	20.23	-3.51	-1.26	-1.84	递增
2010	0.86	0	0	-4.88	0	58.27	0	58.27	-3.66	-0.58	-8.93	递增
2011	1	0	0	0	0	0	0	0	0	0	0	不变
2012	0.93	0	0	-1.35	0	15.86	0	15.86	-1.63	-0.24	-2.87	递增
2013	0.88	0	0	-1.31	0	20.94	0	20.94	-2.21	-0.53	-3.92	递增

其次，对黄淮海五省按时间求平均值后进行数据包络分析（结果见表5-21）。从表5-21中可以看到，这五个省中，安徽、江苏、山东三省玉米生产的技术效率达到了最优状态，而河北、河南由于物质投入比例不合理、产出不足等问题，依旧处于规模效益递增的阶段。从改善方案上看，为使河南小麦生产的技术效率值达到1，需要将直接生产费用、间接生产费用及劳动力用工价比现有投入量分别减少2.048元、0.43元、2.475元的同时，将成本收益率（CS）提高12.809%，并在此基础上适当扩大生产规模。

表5-21　按时间平均的各县（市）数据的数据包络分析结果

地区	TE	ZJ	JJ	RG	CZ	CS	CZ	CS	ZJ	JJ	RG	规模收益
安徽	1	0	0	0	0	0	0	0	0	0	0	不变
河北	0.951	0	0	0	0	8.983	0	8.983	-1.039	-0.214	-1.128	递增
河南	0.898	0	0	0	0	12.809	0	12.809	-2.048	-0.43	-2.475	递增
江苏	1	0	0	0	0	0	0	0	0	0	0	不变
山东	1	0	0	0	0	0	0	0	0	0	0	不变

第五节　本章小结

　　1979—2013 年，黄淮海五省小麦生产亩均费用投入均值，河南省最高，其后依次是山东、安徽、江苏、河北。1979—2013 年黄淮海五省玉米生产的亩均费用低于小麦生产的亩均费用。五省相比，玉米生产投入水平河南省最高，其后依次是山东、安徽、江苏、河北。

　　小麦种植规模对农户小麦生产的亩均投入有显著的正向影响。这说明，在其他条件不变的情况下，小麦种植规模越大，农户越愿意增加对小麦生产的资金投入。是否拥有农机具对农户小麦生产的亩均投入有显著的正向影响。说明拥有农机具的农户，愿意为小麦生产投入更多的资金。户主文化程度对农户小麦生产的亩均投入有较为显著的影响。从影响方向来看，大部分的影响方向为负，说明随着户主文化程度的提高，农户会降低小麦生产资金投入的意愿。家庭总收入对农户小麦生产的亩均投入影响不显著，且影响方向多为负向。这说明现阶段农户的家庭收入水平已不再是制约农户资金投入的因素。农户是否借贷对农户小麦生产的亩均投入有显著的正向影响。说明这类农户即便家中缺钱，也会通过借款来增加小麦生产资金投入。家庭非农收入占比对农户小麦生产的亩均投入影响较显著，且影响方向为负，即家庭非农收入占比低的农户更倾向于发展小麦生产。

　　玉米种植规模对农户玉米生产的亩均投入有显著的正向影响。这说明，在其他条件不变的情况下，玉米种植规模越大，农户越愿意增加对玉米生产的资金投入。农机具对农户玉米生产的亩均投入有显著的正向影响。说明家庭中拥有农机具的农户，更愿意为玉米生产投入生产性资金。户主文化程度对农户玉米生产的亩均投入有较为显著的影响。从影响方向来看，大部分的影响方向为负，说明随着户主文化程度的提高，农户就不再愿意增加对玉米生产的资金投入。家庭总收入对农户玉米生产的亩均投入影响不显著，且在模型中的影响方向多为负向。这说明现阶段，农户的家庭收入水平已不再是制约农户投入的因素。农户是否借贷对农户玉米生产的亩均投入有显著的负向影响。说明在其他条件相同的情况下，农户不愿意通过借款完成玉米生产投资行为。家庭非农收入占比对农户玉米生产的亩均可变资金投入有一定的影响，且影响方向为正。

随着我国农业生产的发展，粮食生产的物质投入费用在不断地提高，并且小麦生产的物质投入费用一直高于玉米生产的物质投入费用。根据运算可知，小麦生产物质投入费用增加的年数多于玉米生产物质投入费用增加的年数。同玉米生产的物质费用一直低于小麦生产的物质费用的事实不同，玉米生产的人工费用只有在 1979 年到 1984 年这一期间低于小麦生产的人工费用，自 1985 年开始，玉米生产的人工费用一直高于小麦生产的人工费用，并且玉米生产人工费用增加的年数多于小麦生产人工费用增加的年数。

34 年的粮食产值呈 "N" 形波动发展，经历了 "产值增加—产值减少—产值增加" 的发展轨迹。玉米产值的增长倍数，年均增长幅度高于小麦产值的增长倍数和年均增长幅度。玉米的成本利润率在绝大多数生产年份比小麦的成本利润率高，在某些生产年份两者相距较大。

1979—2013 年，黄淮海地区小麦生产的全要素生产率是在波动中下降的，呈现下降趋势的主要原因是技术进步的下降。但是规模效率一直是上升的，说明目前的种植规模一直是有效的，并且还有进一步提高的空间。按照时间序列平均计算出的各省小麦生产效率情况分析，不同省份小麦生产的 HMB 指数差距较小，且均有所下降。效率差距较小的原因是规模效率的相似。1979—2013 年，黄淮海五省小麦生产平均技术有效率的年份只有 1982 年、1984 年、1986 年、1993 年、1995 年、2009 年这六年。所以，从整体上看，黄淮海地区小麦生产的技术效率水平比较差。对黄淮海五省按照时间求平均值后，进行数据包络分析可以得出：这五个省中，河北和河南的小麦生产的技术效率达到了最优状态，而安徽、江苏、山东分别由于物质投入比例不合理、产出不足等问题，依旧处于规模效益递增的阶段。

1980—2013 年，黄淮海地区玉米生产的全要素生产率是在波动中下降的。HMB 呈现下降趋势的主要原因是技术进步的下降。与之相反的是，规模效率一直较为稳定，说明目前的种植规模一直是处于有效状态的，但是进一步提高的空间有限。其次，按照时间序列平均计算出的各省玉米生产效率情况分析，不同省份玉米生产的 HMB 指数差距较大。差距较大的原因是技术进步变化指数的差异较大，表明各省之间在玉米生产技术的研发推广工作中存在较多的差异。1979—2013 年，黄淮海五省平均技术有效率（TE = 1）的年份只有 1991 年、1996 年、2003 年、2006 年、2008 年、2011 年这六年。所以，从整体上看，黄淮海地区玉米生产的技术效率水平比较差。对黄淮海五省按照时间求平均值后，进行数据包络分析，这五个省中，安徽、江苏、山东三省玉米生产的技术效率达到了最优状态，而河北、河南由于物质投入比例不合理、产出不足等问题，依旧处于规模效益递增的阶段。

第六章 黄淮海粮食主产区农户技术选择行为

现代经济学理论认为，土地、劳动力、资本三大生产要素的投入比例要与技术水平相适应才能发挥最大效益。同样，技术进步的水平决定了各种生产要素投入的最优配比。农产品产量增加主要依靠两类因素，一是合理配比的生产要素，二是内生的技术进步引起的生产要素效率的提高。从简单生产活动的分析可知，农业生产技术的水平不同意味着各种生产要素的投入组合不同，进而农业生产的效益不同。农业生产要素的稀缺性与农产品市场需求的多样性诱导农业生产技术的不断进步与推广普及。发达国家农业科技进步贡献率的平均水平为75%，英、法、德三国的农业科技进步贡献率超过90%，高贡献率支撑了现代农业的发展。2013年，我国的农业科技进步贡献率为55.2%，与发达国家的较大差距影响了农业的进一步发展。农户是农业先进技术的最终需求者和第一检验者，直接决定一项技术创新成果能否最终被采用和广泛推广，而农户技术采用行为的发生及变化是多种影响因素共同作用的结果。农户使用农业先进技术的主要目的是提高产量、提升品质、追求利润，先进技术的使用促进产业结构的优化调整。

我国学者从 20 世纪 80 年代中期以来，开始从农户技术需求角度对其技术采用行为进行定性和定量研究，研究成果颇丰。代表性的结论有：农户的教育水平、经验等与技术采用行为呈正相关关系（林毅夫，1994）[1]；年龄、家庭人口、性别、收入等因素对农户技术选择

---

① 林毅夫：《制度、技术与中国农业发展》，上海三联书店 1992 年版。

有一定影响（胡瑞法等，1998；宋军等，1998）①②；信息不完备情况下的风险因素、获取信息的成本、农户兼业程度、技术获取途径等都在不同程度上影响农业的技术选择（朱明芬、李南田，2001；高启杰、朱希刚，2000）③④；农户社会经济状况、户主的价值观、与外界联系的程度会影响到农户自身对技术的认知程度和使用态度（孔祥智等，2004）⑤；资源分配、公共政策、农地制度、农业教育制度等一些制度性因素会影响农户对技术的采用（陈秀芝，2005）⑥。也有部分学者研究不同区域或行业农户的技术需求的顺序，庄丽娟、贺梅英（2010）⑦ 以热带水果荔枝主产区为研究区域，研究农户的技术需求特征，研究结论表明农户目前主要需求产中技术。农户技术选择行为受多重因素的影响，农户采用技术的驱动力主要源于成本与收益的权衡。石晶、肖海峰（2014）根据绒毛用羊养殖户问卷调查数据，来分析养殖户技术选择的优先序。他们利用多元 Logit 模型对养殖户技术需求影响因素的分析表明，养殖户自身特征、信息来源、每只羊平均收益、家庭人均收入对养殖户技术需求具有显著影响。⑧ 纵观国内外已有研究文献，有关农户技术选择行为的研究已取得较为丰硕的研究成果，研究方法趋于规范。但就技术选择而言，已有的研究成果多侧重于单项生产技术选择的研究，忽略了从产业链角度分析其综合技术的选择意愿及影响因素。

　　本章选取黄淮海粮食主产区粮食主产地市的农户作为研究样本，考察农户的农业技术需求排序，反映农户的农业技术需求，并将粮食

---

　　① 胡瑞法：《农业技术诱导理论及其应用》，《农业技术经济》1995 年第 4 期。

　　② 宋军、胡瑞法、黄季焜：《农民的农业技术选择行为分析》，《农业技术经济》1998 年第 6 期。

　　③ 朱明芬、李南田：《农户采用农业新技术的行为差异及对策研究》，《农业技术经济》2001 年第 2 期。

　　④ 高启杰、朱希刚：《中国农业技术推广模式研究》，中国农业科技出版社 2000 年版。

　　⑤ 孔祥智、方松海、庞晓鹏等：《西部地区农户禀赋对农业技术采纳的影响分析》，《经济研究》2004 年第 12 期。

　　⑥ 陈秀芝：《论中国农业技术应用的制度障碍及对策》，《中国农学通报》2005 年第 8 期。

　　⑦ 庄丽娟、贺梅英：《我国荔枝主产区农户技术服务需求意愿及影响因素分析》，《农业经济问题》2010 年第 11 期。

　　⑧ 石晶、肖海峰：《养殖户畜牧养殖技术需求及其影响因素研究——基于绒毛用羊养殖户问卷调查数据的分析》，《农村经济》2014 年第 3 期。

生产技术作为一个体系建立农户的技术需求模型，通过实证研究农户技术需求及其影响因素。

第一节　黄淮海粮食主产区农户技术选择行为调查

一　调查思路与内容

鉴于已有的农户技术采用行为研究中较少专门针对黄淮海粮食主产区的调研分析，本次全面调研了研究区域农户的技术的需求偏好、技术获取渠道等情况，调查样本覆盖了我国黄淮海粮食主产区的山东、河南、河北、安徽四省的 15 个县，总样本数为 340 户。粮食主产区农户的选取则遵循随机原则从所选乡镇中选出，或者选择种植面积较大的农户进行调查。问卷调查采用深度访谈的方式，共计回收有效问卷 302 份。根据粮食生产的技术需求特点，调查问卷中设计了 6 种技术服务类别（被解释变量），分别是耕作技术、新生产资料、机械技术、田间管理技术、灌溉技术、收割储运技术等产前、产中及产后环节的主要技术类型。

关于农户技术选择行为的调查内容主要为以下 3 个方面：

1. 农户家庭基本状况，主要包括家庭收入的数量和结构、户主的受教育程度、家庭主要劳动力的数量和受教育程度等。

2. 农户对于采用新技术的主观意愿等。包括农户对于采用新技术的态度、获取新技术的渠道、对于采用新技术之后的担忧和风险等。

3. 农户对于采用新技术的客观行动等。包括农户采用新技术的主要目标，农户对生产技术的需求量顺序、影响采用新技术的制约因素等。

在调查中主要是对最近几年农户采用技术等方面进行详细了解，但是在调查中由于农户经营目标、态度等有关内容比较抽象，不能完全以调查问卷结果的形式表达，因此在农户访谈过程中通过调查人员与农户进行良好、有效的沟通，从而能够较好了解农户的各种诉求。

二　主要调查内容

（一）样本农户基本特征

样本农户户主的年龄大多在 45 岁以上，占样本总数的 61.51%。

这与我国目前农村劳动力结构基本一致。45 岁以下的农村劳动力多数在城镇从事第二、三产业。

样本农户的户主普遍学历水平较低，57.24% 的户主接受了完整的 9 年义务教育之后没有选择继续求学，调查样本中 20.07% 的人在完成九年义务教育之后继续接受了更高层次的教育，其中只有 3.29% 的人具有大专及以上学历。

家庭收入水平：样本农户的收入水平存在一定程度的差异。其中，2011 年、2012 年、2013 年年均收入 30001—40000 元的农户共有 63 户，占 21.28%；40001—50000 元的有 61 户，占 20.61%；50001—60000 元的有 36 户，占 12.16%；60001—70000 元的有 18 户，占 6.08%；70001 元以上的有 45 户，占 15.2%。

（二）样本农户家庭采用新技术的目的

结合表 6 - 1 和图 6 - 1 可以看出，农户采用新技术的主要目的中，总数排在第一位的是提高产量，为 219 户；第二是减少人工投入，有 212 户；第三位是提高农产品品质，有 53 户；排在第四、第五、第六位的是准备长期从事种植业、响应政府号召、其他，分别为 34 户、20 户、2 户。不同年龄阶段的户主使用技术的目的有所区别：55 岁以下年龄段使用技术的首要目的是提高产量，其次是减少劳动力投入和提高产品品质，55 岁以上年龄段使用技术的首要目的是减少劳动力投入、其次是提高产量和为长期从事种植业做准备。

从整体上看，农户采用新技术的主要目的是追求利益最大化，这表明，农户也是一种理性经济单位。首先，农户在不能左右农产品价格变化的情况下，通过提高农产品产量来确保基本收入的稳定。因为，在国家对农业实施了一系列保护政策的情况下，"谷贱伤农"现象较少发生，只要有较高的农产品产量一般就会有较高的收入。其次，农户考虑如何通过采纳新技术减少劳动力的投入，降低生产成本，提高农产品生产的投入产出比，以将更多的劳动力（日）用于获益更高的活动中去。调查问卷显示，家中的青壮年劳动力主要有两个去向：一是进入城市从事第二、三产业，增加家庭的工资性收入；二是进入村镇集体企业从事各种农产品加工，并获得劳动收入。最后，通过采用新技术来提高农产品品质，增强产品的竞争力，进而提高农产品市场销售价格，增加自家的经营收入。"为长期从事种植业做准备"和"响应政府号召"这两个目的排在后两位，充分说明农户对于新技术的态度和认识是完全理性的，不会盲目地为了响应政府号召而在农业生产过程中使用自己并不需要或不直观的技术，并且由于土地产权制度的影响，较少农户为长期从事种植业做准备，说明农户决策具有较明显的短视特点。

表6-1　　　　　　　　　样本农户采用新技术的主要目的

户主年龄	合计	22—30岁	31—45岁	46—55岁	56岁以上
提高产量	219	22	64	84	49
减少劳动力	212	19	62	80	51
准备长期从事种植业	34	1	10	11	12
提高农产品品质	53	3	16	22	12
响应政府号召	20	2	4	12	2
其他	2	2	0	0	0

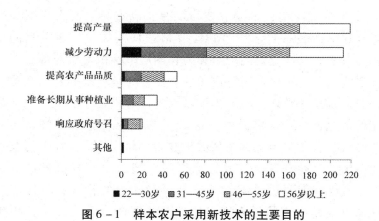

图6-1　样本农户采用新技术的主要目的

（三）农户获得新技术的途径

从农户获取技术途径的排序上分析，排在第一位的是"跟着其他农户"，排在第二位的是"自己摸索"，排在第三位的是"农技人员的传授"。"跟着其他农户"是成为每个年龄阶段户主对于获取技术的首要渠道，但是在22—30岁和46—55岁这两个年龄阶段，选择"自己摸索"这一选项的农户数量与选择"跟着其他农户"这一选项的农户数量相差较小。这一结果说明年轻人的受教育程度普遍较高[①]，对于新技术的接纳度更高，在农业生产过程中勤于思考并善于归纳总结；而中年劳动者通过多年的生产实践总结了较为丰富的经验，对于技术的摸索、试用具有更强的针对性。户主年龄在31—45岁这一阶段的农户多为兼业型农户，农忙种地、农闲务工，对于农业技术的态度主要是接纳和使用，没有更多的精力用于自己摸索。

表6-2　　　　　　　　　　样本农户获取新技术的途径

户主年龄		22—30岁	31—45岁	46—55岁	56岁以上
跟着其他农户	168	13	53	62	40
自己摸索	104	12	20	51	21
农技人员	68	3	27	18	20
媒体宣传	42	0	17	14	11
合作的农业龙头企业、协会	16	0	5	7	4
其他	12	1	1	6	4

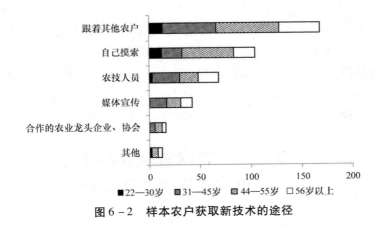

图6-2　样本农户获取新技术的途径

————————

① 22—30岁的农户决策人受教育程度均值为2.84，高于其他三个年龄段的农户决策人受教育程度均值。

　　以上结果充分表明，绝大多数农户是靠跟着其他农户学新技术和自己摸索这两种方式获得、使用新技术。种植农户的技术创新扩散更加依靠原发构建的社会网络，而外源性的技术并没有按照科技研发者的设想被农业劳动力内生化并实现技术行为的矫正。这说明：一方面，从农户角度出发，采用新技术的目的十分明确（增量提质），因此在新技术应用存在不确定性的前提下，农户普遍采取十分小心谨慎的态度，采用"跟着其他农户""自己摸索"等新技术的实践方式，能够亲自参与试验实践的过程，尤其是在同村同组中具有原生性技术精英的指导和帮助下，较大程度地提高技术的适用性并且降低技术采用的风险。另一方面，农户由于整体的学历水平较低，接受、处理、分析科技含量较高的技术类信息较差，对新技术的内容和了解速度较慢、接纳程度较低导致推迟、减少甚至是放弃新技术的采用。农户为了转嫁、弱化这种可预计到的主观风险，往往愿意成为追随者，跟随身边自己最信任的人，特别是已经率先使用新技术并有具体结果的农户，追随者对于未知技术的效果有了具体判断，使用新技术的安全系数较高。

　　排在第三位的是"农技人员"，说明在黄淮海粮食主产区，农村技术服务的市场化程度较低，农户依旧是主要通过政府基层农技推广、示范获得新技术，这也体现了传统的功能性社会网络对农业技术创新扩散的促进作用。调查数据显示，在调查地区均有相应的专业技术服务部门，技术服务人员的学历层次较高；部分地区的优质农田承担了农业院校的科学研究项目，项目负责人员定期到负责片区进行科研成果的检验工作，并对农户下一步的农业生产进行指导。

第二节　农户技术需求意愿及其
影响因素的实证分析

　　粮食主产区农户作为基本的生产经营单位，其生产技术选择会受到各种因素的影响。基于经济学、农户行为理论，假定影响农户技术服务选择的因素有四个方面：（1）户主自身特征。农户作为生产经营主体，是一个在权衡了各方利益和风险后为追求最大利益作出合理决定的"理性小农"。（2）技术诱导因素。如家庭收入、经营规模、现有生产资料等对农户的技术选择有影响。（3）生产风险因素。主要是农户规避风险的行为，如农户从事非农产业活动（包括外出务工等）。（4）技术信息因素。主要是农户是否接受过相应的技术培训。根据粮食生产的技术特点和资料的可获得性，将影响农户技术选择的解释变量分为4类6项，分别是户主自身特征（年龄、文化程度）、技术诱导因素（种植面积、是否拥有农机具）、风险因素（非农收入占家庭总收入的比重）、技术信息来源（是否接受过技术培训）。基于实地调查的有效问卷资料，采用实证研究方法，对调查资料进行描述性分析和二元 Logistic 计量模型实证分析，以解释不同特征农户在选择不同类型技术时的意愿及影响因素。

一　农户生产技术需求的描述性统计分析

粮食生产技术需求的调查结果（表6－3）表明，黄淮海粮食主产区农户首先需求的是新型生产资料；其次是田间管理技术；最后为机械技术，而耕作技术、收割储运技术和灌溉技术的需求较少。

不同年龄段的户主的技术需求偏好排序有明显区别，30岁以下的户主更偏向新型生产资料和机械技术；31岁以上的户主更偏向新型生产资料和田间管理技术。

从户主的受教育程度分析，具有高中及以下文化水平的人的技术需求偏好依次为新型生产资料、田间管理技术、机械技术和耕作技术，而具有专科、本科学历的人除了较偏好新型生产资料外，对于其他技术的需求差别不大。

参加过技术培训的农户选择机械技术、收割储运技术的比例要远高于没有参加过技术培训的农户。

家庭耕地面积影响技术需求的特征是，耕地面积大的农户更偏向于田间管理技术、耕作技术、收割储运技术；耕地面积小的农户更偏向于新型生产资料、机械技术、灌溉技术。

表 6 - 3　　　　　　　　不同特征农户的技术需求情况统计

技术类别 影响因素		总数	新型生产资料		田间管理技术		机械技术		耕作技术		收割储运技术		灌溉技术	
			% 179	数量	% 128	数量	% 82	数量	% 54	数量	% 45	数量	% 32	数量
户主年龄	22—30 岁	25	18	72.00	5	20.00	7	28.00	3	12.0	2	8.00	5	20.00
	31—45 岁	91	52	57.14	43	47.25	19	20.88	22	24.18	15	16.48	8	8.79
	46—55 岁	116	66	56.90	46	39.66	33	28.45	22	18.97	21	18.10	14	12.07
	56 岁以上	69	43	62.32	34	49.28	21	30.43	9	13.04	7	10.14	5	7.25
户主学历	小学	69	36	52.17	41	59.42	19	27.54	14	20.29	12	17.39	10	14.49
	初中	169	111	65.68	67	39.64	45	26.63	26	15.38	24	14.20	17	10.06
	高中	46	23	50.00	14	30.43	13	28.26	11	23.91	5	10.87	2	4.35
	专科	6	2	33.33	3	50.00	4	66.67	1	16.67	2	33.33	1	16.67
	本科	10	7	70.00	3	30.00	1	10.00	2	20.00	2	20.00	2	20.00
技术培训	未接受	44	27	61.36	20	45.45	8	18.18	8	18.18	1	2.27	5	11.36
	接受	257	152	59.14	108	42.02	74	28.79	46	17.90	44	17.12	27	10.51
家庭耕地面积	8 亩以下	109	71	65.14	39	35.78	33	30.28	18	16.51	9	8.26	17	15.60
	8—15 亩	73	41	56.16	33	45.21	17	23.29	12	16.44	8	10.96	7	9.59
	15 亩以上	119	67	56.30	56	47.06	32	26.89	24	20.17	28	23.53%	8	6.72
家中农机具	无农机具	153	94	61.44	57	37.25	37	24.18	30	19.61	20	13.07	18	11.76
	有农机具	148	85	57.43	71	47.97	45	30.41	24	16.22	25	16.89	14	9.46
非农收入占比	0—0.3	85	62	72.94	38	44.71	36	42.35	18	21.18	22	25.88	8	9.41
	0.3—0.7	78	39	50.00	38	48.72	9	11.54	12	15.38	12	15.38	4	5.13
	0.7—1	138	78	56.52	52	37.68	37	26.81	24	17.39	11	7.97	20	14.49

家中拥有农机具的农户对田间管理技术、机械技术、收割储运技术的需求偏好明显大于没有农机具的农户。

农户家庭收入结构差别即"非农收入占比"与技术需求的关系是，"非农收入占比"低于 0.3 的农户更愿意加大对新型生产资料、机械技术、收割储运技术的投资；"非农收入占比"在 0.3—0.7 的农户对田间管理技术的需求较为强烈；"非农收入占比"高于 0.7 的农户对新型生产资料、灌溉技术的需求更加强烈。

上述分析表明，所选取的 6 项微观因素都与农户技术有着或多或少的关系，但是要准确把握这些因素对农户技术需求的影响程度，则需要通过建立计量模型来进一步探究。本书下面将通过二元 Logistic 模型对调查数据进行计量分析。

二　农户技术需求影响因素的计量模型检验与结果分析

（一）模型构建和变量界定

二元 Logistic 统计模型被广泛应用于农户个体微观行为分析中，包含多个自变量的 Logistic 模型为：

$$\text{prob (event)} = \frac{e^z}{(1 + e^z)}$$

其中，$z = b_0 + b_1x_1 + b_2x_2 + \ldots + b_ix_i + \ldots + b_px_p$

事件不发生的概率为：

$$\text{prob (nonevent)} = 1 - \text{prob (event)}$$

对方程进行变换：

$$\ln\left[\frac{\text{prob (event)}}{\text{prob (nonevent)}}\right. = b_0 + b_1x_1 + b_2x_2 + \ldots + b_ix_i + \ldots + b_px_p\left.\right]$$

当第 i 个自变量发生一个单位变化时，事件发生的概率的变化值为 $\text{Exp}(b_i)$。自变量的系数 b_i 为正值，意味着事件发生的概率会增加；当自变量系数 b_i 为负数则意味着事件发生的概率会减小；当系数为 0 时，意味着自变量的变化对事件发生与不发生的贡献相等，或者是对事件发生与不发生没有影响。

本书用 0—1 型虚拟变量代替农户对于技术的选择：1 代表农户需求某种技术，0 代表农户没有选择某种技术。解释变量见表 6-4，计量结果见表 6-4。

表6-4　　　　　　　　　　　模型变量的解释说明

变量类型	变量名称	变量赋值及含义说明	均值	标准差	预期影响
农户自身特征	户主年龄	22—30 岁 =1，31—45 岁 =2，46—55 岁 =3，56—65 岁 =4	2.76	0.90	负向
	户主受教育程度	小学及以下 =1，初中 =2，高中 =3，中专 =4，大专 =5	2.06	0.87	正向
技术诱导因素	家庭耕地面积（亩）	家庭种植规模	9.68	10.23	正向
	家庭是否拥有农机具	是 =1，否 =0	0.50	0.51	正向
生产风险因素	非农收入占比（%）	非农收入/家庭总收入	0.55	0.33	负向
技术信息因素	是否接受过技术培训	是 =1，否 =0	0.84	0.37	正向

（二）模型估计结果分析

由于因变量 Y 是二分类变量，属于离散变量，Logistic 模型的误差项不服从正态分布，故模型不能运用 OLS 法进行参数估计，本文采用极大似然估计法进行参数估计，回归分析在 SPSS18.0 软件中完成，模型的估计结果见表6-5，由此可以得到以下结论：

1. 农户自身特征的影响

年龄对农户的耕作技术、新型生产资料、机械技术、田间管理技术、灌溉技术、收割储运技术6种粮食生产技术需求均有显著的负向影响，与预期的影响方向一致，但影响程度较小，总体上说明随着年龄增长，农户接纳粮食生产技术的速度在逐渐减慢，对技术的需求降低。年龄越大的农民可能更具有保守的农业生产观念，接纳新的粮食生产技术能力也较为欠缺，对技术需求的意愿较弱。受教育程度对农户的6种技术需求均具有显著的正向影响，与理论预期方向一致，但影响程度较小。一般来说，农户的受教育程度越高，农户的知识结构越为系统和完善，获取信息和自学的能力越强，对于节省劳动力要素投入的技术需求就越强烈，易于积极主动地表达和获取粮食生产技术。受教育程度对农户的耕作技术、机械技术、收割储运技术3种粮食生产技术需求的影响大于对田间管理技术、新型生产资料、灌溉技术另外 3 种技术需求的影响，这可能说明文化程度越高的新型农户对粮食生产的产前和产后的农业机械化水平有更高的要求。

2. 技术诱导因素的影响

种植规模对农户的耕作技术、新型生产资料、机械技术、灌溉技术、收割储运技术 5 种技术需求均具有显著的正向影响，与预期影响方向一致，但影响程度相对较小，而对农户的田间管理技术的影响并不显著。这一结果总体上说明了农户家庭种植规模对农户粮食生产技术需求具有较为明显的诱导作用，农户粮食种植规模越大，对粮食生产技术需求的意愿就越强烈，期望以技术、新型生产资料（新品种、新肥料等）来替代过多的传统生产资料投入，通过采用技术来降低粮食生产成本，追求利润最大化。此外，随着我国农业产业化的加快，粮食生产的田间管理技术水平在粮食种植规模较大的粮食主产区可能已经较高，农户可能更加偏好于需求其他更高层次的技术类型。是否拥有农机具对农户的耕作技术、新型生产资料、机械技术、田间管理技术、灌溉技术 5 种技术需求均具有很显著的正向影响，与预期方向一致，且影响程度相对较大。说明拥有农机具的农户家庭，对粮食生产的产前和产中技术需求更为强烈，这也与现实相符，拥有农机具的农户渴望获取相应的技术指导和服务，以利于其充分发挥农机具的效用，提高粮食生产效益。而是否拥有农机具对农户的收割储运技术需求的影响没有通过显著性检验，说明在当前我国社会化农业生产背景下，收割储运技术的载体主要是大型农业收割机械和大型仓库，这类生产工具的产权多为农机局、农业公司和少数私营个体所有，在农产品收割储运时期按照市场化进行经营，已经能够满足农户的粮食生产产后需求，粮食主产区农户个体就不需要学习使用这一类技术，对粮食产后的此种技术需求较弱。

3. 生产风险因素的影响

非农收入占比对农户的新型生产资料、田间管理技术、灌溉技术、收割储运技术需求具有显著的负向影响，与预期方向一致，但影响程度较小，而对农户的耕作技术、机械技术的需求影响不显著。这一结果总体上表明，农户从事非农产业收入占家庭总收入的比重越高，农户从事第二、三产业获得收入的机会和能力越强，农村劳动力大量转入非农业和进入城市能够获得稳定的收入和社会保障，又因粮食生产会面临难以完全规避的风险损失，由此造成农户对农业收入稳定性的预期要低于从事非农产业，因而非农收入占比大的农户从事粮食生产的积极性并不强烈，对投资回收期较长、非必需的粮食生产技术的需求就相对较弱，而对一些必要的技术需求的影响很小。

　　4. 技术信息因素的影响

　　是否接受过技术培训对农户的耕作技术、新型生产资料、机械技术、田间管理技术、收割储运技术 5 种技术需求均具有显著的正向影响，与预期方向一致，其中对农户的机械技术、田间管理技术、收割储运技术 3 种技术需求的影响程度较大。这一结果表明，技术培训会增强粮食主产区农户对粮食生产技术的需求意愿，尤其是会显著地正向促进农户采用机械技术、田间管理技术、收割储运技术等粮食生产的产中和产后技术。

表 6 - 5　　　　　　　农户技术需求选择的 Logistic 模型估计结果

变量名	统计量	常数项	年龄	受教育程度	种植规模	是否有农机具	非农收入占比	技术培训
耕作技术	B	-0.91	-0.10 *	0.50 **	0.15 **	0.85 **	-0.66	0.07 *
	Wals	0.58	3.27	4.71	3.63	6.41	1.61	3.03
	Sig.	0.45	0.06	0.03	0.04	0.01	0.20	0.07
新型生产资料	B	0.93	-0.13 *	0.25 *	0.03 *	0.66 **	-0.66 *	0.04 **
	Wals	1.10	2.74	2.92	3.45	6.59	2.98	6.01
	Sig.	0.29	0.09	0.08	0.06	0.01	0.08	0.02
机械技术	B	-1.31	-0.34 **	0.42 **	0.03 **	0.78 **	0.67	0.93 **
	Wals	1.90	4.11	4.85	4.69	6.98	1.79	4.76
	Sig.	0.17	0.04	0.03	0.03	0.01	0.18	0.03
田间管理技术	B	-0.15	-0.23 *	0.22 *	0.17	1.04 ***	-0.47 ***	1.21 ***
	Wals	0.02	3.13	2.76	1.20	15.45	7.98	10.61
	Sig.	0.88	0.08	0.09	0.27	0.00	0.00	0.00

续表

变量名	统计量	常数项	年龄	受教育程度	种植规模	是否有农机具	非农收入占比	技术培训
灌溉技术	B	-1.81	-0.25*	0.06*	0.10**	0.83**	-0.51*	-0.65
	Wals	1.65	3.17	2.86	5.09	4.06	3.44	1.92
	Sig.	0.20	0.08	0.08	0.02	0.04	0.06	0.17
收割储运技术	B	-4.72***	-0.13*	0.27**	0.50**	-0.43	-0.67***	3.00**
	Wals	9.04	3.35	5.55	4.96	1.15	8.44	7.79
	Sig.	0.00	0.05	0.01	0.03	0.29	0.00	0.01

注：①*、**、***分别表示在10%、5%、1%的水平上统计显著。

②"是否有农机具"指农户家庭是否拥有农机具；"非农收入占比"指农户家庭从事非农业收入占家庭总收入的比重；"技术培训"指农户是否接受过技术培训。

第三节 本章小结

根据黄淮海粮食主产区农户的调查数据分析表明，在农户采用新技术的主要目的中，排在第一位的是提高产量，第二是减少人工投入，第三位是提高农产品品质，排在第四、第五、第六位的是准备长期从事种植业、响应政府号召、其他。粮食主产区农户对粮食生产技术需求从多到少的优先序排位依次为：新型生产资料、田间管理技术、机械技术、耕作技术、收割储运技术、灌溉技术。不同年龄段的农户技术需求偏好排序有一定差异，30岁以下的农户更偏向于新型生产资料、新型机械技术、田间管理技术、灌溉技术，31岁到45岁的农户更偏向于新型生产资料、田间管理技术、耕作技术，而45岁以上的农户则更偏向于新型生产资料、田间管理技术、机械技术，可见现阶段粮食主产区农户对技术需求仍是以粮食生产的产前和产中技术为主，而对产后技术的需求相对较少。

从农户技术需求现状分析可知，为追求效益最大化，农户对技术类型的需求具有传统意义上的短视特点。在如何提高农产品产量和品质从而提高收益的问题上，绝大多数的农户都把关注点放在了新型生产资料方面，如采用新品种、使用更高效的化肥、农药等。因为与购买新型农业机械、建设农田水利设施相比，购买新品种、新肥料、新农药等花费相对较少，而且当季就能见到成效。同时，由于黄淮海粮食主产区是传统的粮食生产基地，其耕作技术发展得较成熟、稳定，所以农户对这些技术的需求相对较弱。

从整体上看，农户需求粮食生产技术的主要目的是追求利益最大化，具体表现为提高产量、减少人工投入和提高农产品品质。农户获取技术的渠道主要是跟随其他农户、自己摸索和农技人员的传授。粮食主产区农户的技术选择行为受多重因素的影响，其中，技术培训对农户技术选择行为的影响程度最大，其他因素如家中是否拥有农机具、决策人受教育程度、家庭种植规模都对农户的技术选择行为产生了一定影响。

二元 Logistic 计量模型对农户粮食生产技术需求影响因素的分析表明，农户自身特征（年龄、受教育程度）对农户的粮食生产技术需求具有显著影响，其中受教育程度对农户的 6 种技术需求具有显著的正向促进作用，而年龄则产生显著的负向影响；在生产诱导因素（种植规模、是否拥有农机具）中，种植规模对农户的耕作技术、新型生产资料、机械技术、灌溉技术、收割储运技术 5 种技术需求均具有显著的正向影响，是否拥有农机具对农户的耕作技术、新型生产资料、机械技术、田间管理技术、灌溉技术 5 种技术需求均具有很显著的正向影响；在生产风险因素中，农户非农收入占比对农户的新型生产资料、田间管理技术、灌溉技术、收割储运技术需求具有显著的负向影响；在技术信息因素中，是否接受过技术培训对农户的耕作技术、新型生产资料、机械技术、田间管理技术、收割储运技术 5 种技术需求均具有显著的正向影响。

由本章的调查分析和实证分析，我们可以得出优化农户粮食生产技术需求的以下几点基本启示：

（1）加大农村教育投入，提高农户科学文化水平。加大财政对农村教育的投入力度，稳步增加农村基础教育投入，加快普及农村高中阶段教育，加强农村职业技术教育，提高农村整体受教育水平，提升农户的科学素质和文化水平，努力培育掌握先进知识和农业先进生产技术的现代化新型职业农民。

（2）鼓励种粮农户开展适度规模经营，扩大粮食种植规模。种植规模越大，农户对粮食生产的技术需求意愿越强烈，当前我国鼓励发展多种形式农业适度规模经营，并给予了财政、信贷等扶持政策，这不仅有利于有效地整合农业生产资源，大规模使用现代化农业机械设备，提高农业生产效率，产生规模经济效益，而且还能促进农户为降低生产成本而学习和获取粮食生产技术。此外，家庭中具有农机具的农户对技术需求更为强烈，政府应适度提高对农户购买农机具的农机购置补贴额度，进一步提高农业机械化水平，为农业规模化经营提供支持。

（3）完善农业保险制度，加大政策性农业保险支持力度，逐步扩大粮食作物覆盖保险面和保险补贴比例。农业的弱质性导致农户从事粮食生产面临的风险较大，而应用粮食生产技术的高成本性更是成为阻碍农户技术需求的重要因素，导致农户对投入成本较低、回收期较短的技术需求较强。因此，政府应完善农业保险制度体系，提高保险额度，建立农户粮食生产风险规避机制，同时要积极向农户推广粮食生产技术，降低农户应用新技术的成本。

（4）加强对农户的粮食生产技术培训，促进粮食生产新技术的应用与推广。参加过技术培训的农户对粮食生产技术需求强烈，因此，政府应通过农业科研院校、农业技术推广部门和农业合作社等多种渠道对农户进行粮食生产技术培训，推广农业新型技术，强化对农户粮食生产产前、产中和产后的技术指导和服务，提高粮食生产质量和效益。

第七章　研究结论与政策建议

本书通过对相关统计数据和实地调查数据的整理和实证分析，重点对黄淮海粮食主产区农户的土地经营行为、生产投入行为、技术选择行为这三种主要生产行为进行了理论与实证研究，得出以下主要结论和政策建议。

第一节　主要研究结论

1. 黄淮海粮食主产区在长期的农业生产尤其是粮食生产的发展过程中，充分利用了独特的包括气候、土地等方面的自然优势，同时又充分利用和发展了包括粮食品种培育、农业教育与科技、交通等方面的"后天"社会经济优势条件。在近20年的小麦、玉米的生产过程中，5个省份粮食在波动中经历了速度不一的增长过程，整体是波浪形上升的发展态势，作为我国重要的农业经济区和粮食主产区，肩负着保障国家粮食安全的重要任务。随着农业生产的发展，粮食生产的物质投入费用在不断地提高，并且小麦生产的物质投入费用一直高于玉米生产的物质投入费用。与玉米生产的物质费用一直低于小麦生产的物质费用的事实不同，玉米生产的人工费用只有在1979年到1984年这一期间低于小麦生产的人工费用，自1985年开始，玉米生产的人工费用一直高于小麦生产的人工费用。

2. 黄淮海粮食主产区农户的土地经营行为有以下几个特征：以粮食种植为主、农产品多样化是粮食主产区农户土地经营行为的首要特征；第二，市场需求是决定农户土地经营行为的重要导向，适合土地集中的土地流转现象在调查地区已经非常普遍，土地流转方向多样化、复杂化趋势明显。第三，绝大部分农户都采用现代化的经营方式，但农业生产规模化、产业化趋势并不十分明显。

在调查样本中，整体土地流转比例并不是很高，大部分的流转行为都是私下流转，口头或书面达成协议，转入方给予转出方相应的报酬，流转期限大部分在15年之内。关于农户对未来土地经营的打算，在被调查的农户中，八成左右的农户认为可以维持或扩大现有的土地经营规模。在未来可以进行土地流转的原因主要是"有稳定的收入来源""跟随儿女养老"；而希望维持现有土地规模或者扩大土地承包面积的动力是"农产品价格上涨保证收入稳定""农业补贴增多""保证口粮"。这些理由充分说明经济利益的驱动促进农户进行农业生产经营。

影响该区农户土地经营行为的因素主要分为外部因素和内部因素两个方面。外部因素包括国家政策、市场需求等；国家政策对农户的影响多为正向影响，市场环境对农户的影响主要表现在，市场上农产品价格和生产资料的价格波动会直接影响农户当年的生产效益，进而会对农户下一年的土地经营结构调整的决策产生重大影响。内部因素主要是与农户心理及自身特点有关的因素，内部影响因素对农户土地经营行为的影响更为深远和复杂。

3. 随着农业生产的发展，粮食生产的物质费用在不断地提高，并且小麦生产的物质投入费用一直高于玉米生产的物质费用。但自1985年开始，玉米生产的人工费用一直高于小麦生产的人工费用，并且玉米生产人工费用增加的年数多于小麦生产人工费用增加的年数。

比较发现，1979—2013年黄淮海五省的小麦生产亩均费用均值相比，以河南省为最高，其后依次是山东、安徽、江苏、河北；1979—2013年黄淮海五省玉米生产的亩均费用低于小麦生产的亩均费用；五省相比，河南省为最高，其后依次是山东、安徽、江苏、河北。

粮食主产区农户的粮食资本投入行为受多重因素的影响。小麦种植规模对农户小麦生产的亩均投入有显著的正向影响。说明，在其他条件不变的情况下，小麦种植规模越大，农户越愿意增加对小麦生产的资金投入。是否拥有农机具对农户小麦生产的亩均投入有显著的正向影响。说明拥有农机具的农户，愿意为小麦生产投入更多的资金。户主文化程度对农户小麦生产的亩均投入有较为显著的影响。从影响方向来看，大部分的影响方向为负，说明随着户主文化程度的提高，农户会降低小麦生产资金投入的意愿。家庭总收入对农户小麦生产的亩均投入影响不显著，且影响方向多为负向。这说明现阶段农户的家庭收入水平已不再是制约农户资金投入的因素。农户是否借贷对农户小麦生产的亩均投入有显著的正向影响。说明这类农户即便家中缺钱，也会通过借款来增加小麦生产资金投入。家庭非农收入占比对农户小麦生产的亩均投入影响较显著，且影响方向为负，即家庭非农收入占比低的农户更倾向于发展小麦生产。

玉米种植规模对农户玉米生产的亩均投入有显著的正向影响。这说明，在其他条件不变的情况下，玉米种植规模越大，农户越愿意增加对玉米生产的资金投入。农机具对农户玉米生产的亩均投入有显著的正向影响。说明家庭中拥有农机具的农户，更愿意为玉米生产投入生产性资金。户主文化程度对农户玉米生产的亩均投入有较为显著的影响。从影响方向来看，大部分的影响方向为负，说明随着户主文化程度的提高，农户就不再愿意增加对玉米生产的资金投入。家庭总收入对农户玉米生产的亩均投入影响不显著，且在模型中的影响方向多为负向。这说明现阶段，农户的家庭收入水平已不再是制约农户投入的因素。农户是否借贷对农户玉米生产的亩均投入有显著的负向影响。说明在其他条件相同的情况下，农户不愿意通过借款完成玉米生产投资行为。家庭非农收入占比对农户玉米生产的亩均可变资金投入有一定的影响，且影响方向为正。

4. 实证分析结果表明，农户采用新技术的主要目的中，总数排在第一位的是提高产量，第二是减少人工投入，第三位是提高农产品品质，排在第四、第五、第六位的是准备长期从事种植业、响应政府号召、其他。不同年龄阶段的农户使用技术的目的有所区别：55 岁以下年龄段使用技术的首要目的是提高产量，其次是减少劳动力和提高产品品质；55 岁以上年龄段使用技术的首要目的是减少劳动力、其次是提高产量和为长期从事种植业做准备。

从整体上分析，农户采用新技术的主要目的是追求利益最大化，这表明，农户是一种理性经济单位。

从农户获取技术渠道的排序上分析，排在第一位的渠道是"跟着其他农户"，排在第二位的渠道是"自己摸索"，排在第三位的渠道是"农技人员的传授"。"跟着其他农户"是每个年龄阶段农户获取技术渠道的首选。

粮食主产区农户对粮食生产技术的需求顺序依次为：新型生产资料、田间管理技术、机械技术、耕作技术、收割储运技术、灌溉技术。从农户技术需求现状分析可见，为追求效益最大化，农户对技术类型的需求具有传统意义上的短视特点。在如何提高农产品产量和品质从而提高收益的问题上，绝大多数的农户都把关注点放在了新型生产资料方面，如采用新品种、使用更高效的化肥、农药等。因为与购买新型农业机械、建设农田水利设施相比，购买新品种、新肥料、新农药等花费相对较少，而且当季就能见到成效。同时，由于黄淮海粮食主产区是传统的粮食生产基地，其耕作技术发展得较成熟、稳定，所以农户对这些技术的需求相对较弱。

黄淮海粮食主产区农户的技术需求受多重因素的影响。其中，户主自身的文化程度和技术培训对农户技术需求影响最显著（正向）；家庭耕地面积和家中是否拥有农机具对农户技术需求影响较为显著（正向）；非农收入占比对农户的技术需求也有一定的正向影响；户主年龄与农户的技术需求之间则呈负相关关系。

第二节　若干政策建议

在我国粮食供需状况偏紧的情况下，要保障粮食安全、增加农民收入，实现的路径有很多。通过本书的研究，提出以下对策建议，以希望能够改善黄淮海粮食主产区农户的生产行为，调动黄淮海粮食主产区农户生产的积极性，以促进黄淮海粮食主产区的粮食生产和农村经济的发展。

农户生产经营行为的形成是一个长期的动态的过程。在这个过程中，每种经营行为都会受到各种因素的影响，会出现很多无法预计和把控的后果。因此，在这个过程中，需要政府等较高级决策层的科学引导。当分散的个体农户在农业生产经营过程中遇到各种风险的时候，政府的合理介入和引导就更显出它的重要意义。同时，农户在自身行为的调整过程中，需要根据已有的结果总结经验教训，摸索自身的行为特点和影响因素，根据影响因素的变化及时调整和优化自身的生产经营行为。

一　黄淮海粮食主产区农户土地经营行为优化对策

根据对该区农户土地经营行为的研究，提出相应的政策建议：在将来的土地规划和调整中，可以顺应农户需求，改变农村土地零碎化状况，推动农村土地承包向规模化方向发展。具体从以下几个方面着手。

第一，要健全土地产权制度。市场交易的实质是产权的让渡，产权明晰是市场交易的基本前提。通过明确界定和规范农户土地使用权的永益物权性质，使农民真正享有对土地的转让权、收益权、租赁权和抵押权等相关权益，确保农民通过土地流转能够获取相应的财产性收入，才能增加农民对流转土地使用权的信心，土地才能真正地流转起来，实现土地资源的最大化利用。同时要加速农地产权制度的创新，实行最严格的耕地保护制度。在农村地区，加强农村土地法律、政策的学习和宣传，通过举办法律和政策培训班、广播电视等各种途径提高农民的法律意识，增强广大农民的维权意识，更好地维护农户土地流转过程中农户的权利，同时引导农户在土地经营方面把眼光放长远，保护耕地环境，实现可持续发展。

第二，继续发展和完善农地承包经营权市场体系，依法培育农地承包经营权流转中介组织，减少和降低农地流转费用。在符合农地流转条件的地区，依托乡（镇）政府和村民委员会两级组织，以农村专业合作社为主体，搭建市场化土地流转服务平台，根据本地农户土地流转的需求，依照国家法律法规设立农地承包经营权流转中介组织。土地流转中介组织应具有信息收集与发布、土地流转价格评估、土地托管与储备、接收农户咨询与委托代理等多种功能，以便为农户农地流转提供相应的服务，从而实现农地资源的合法流转和优化配置。农户可以通过自身学习，充分利用网络、手机客户端等新兴传播媒介，建立土地流转信息网络和手机应用，及时搜集和发布土地供求相关信息，提高土地流转效率。

第三，要制定支持农地流转的政策，积极鼓励符合农地流转条件的农户进行土地流转。在适合农地流转的地区，加强关于鼓励农户参与农地流转的宣传和教育工作；同时要在农地流转较多的地区，特别是农地转出农户比例较高的地区，做好相应的产业发展规划，保证农地转出的农户能够有其他工作获取收入，保证基本的生活水平。

第四，加强农村基础设施建设，特别是要加强粮食主产地区的农田基础设施建设。制定相关优惠政策积极鼓励希望扩大土地经营规模的农户进行农地转入。对于粮食生产经营的大户，政府应当给予这类大户相应的政策支持。鼓励超过一定农地经营规模的农户通过土地平整将原来分割细碎化的农地平整为单位面积较大的集中连片地块，以便进行大规模、机械化种植。

第五，要做好土地利用规划，在工业化、城镇化进程中必须做到土地占补平衡，确保黄淮海粮食主产区的粮食播种面积稳定；要持续改造中低产田，结合国家粮食丰产科技工程和粮食高产创建及增产模式攻关等项目的实施，加强标准粮田建设；要优化耕地利用结构，提高粮食生产的集约化、专业化和组织化水平。

二　黄淮海粮食主产区农户粮食生产投入行为优化对策

根据对该区农户资本投入行为的研究，提出相应的政策建议。

第一，进一步完善产粮大省粮食补贴政策。种粮收入仍是黄淮海粮食主产区农户的主要收入来源，国家要考虑到保证黄淮海粮食主产区粮食持续增产增收的目标，使粮食补贴的效应持续发挥作用。一方面，要提高国家对黄淮海粮食主产区的粮食补贴的强度。黄淮海粮食主产区农业产业结构单一，并且种粮效益偏低。建议国家增加中央财政对黄淮海粮食主产区困难的产粮大县的奖励和补助，支持粮食核心产区建设。充分调动粮食输出省份和粮食主产区农户种粮的积极性，以推进我国区域经济协调发展，并进一步提高产粮大省粮食持续输出能力。另一方面，对河南、山东等重要产粮大省设立特殊的粮食补贴标准。根据黄淮海粮食主产省份的粮食产量、财政状况、生产成本的特殊情况，建立追加补贴标准和办法。健全政策补贴办法，严格按照"谁种植谁受益"的原则，发放政府补贴。在保持原有各种粮食补贴基础上，中央财政要逐年增加对种粮农户的补贴规模，提高补贴标准；新增补贴重点向种粮大户和农民专业合作社倾斜。建立农资综合直补与农资价格动态调整机制。

第二，加强对农户的教育培训，提高农户的科学文化素质和经营决策能力，促进农户优化其生产投入行为，提高农户的生产效率。从影响农户资本投入行为的因素来看，户主文化程度对农户粮食生产的亩均投入有较为显著的影响，且影响方向为负。这充分说明了受教育程度高的农户经营决策能力强，可以更加合理地分配生产所需的劳动和资金，避免劳动和资金的浪费。因此加强对农户的教育培训显得十分必要。在加强农户的教育培训方面，政府应成为农户教育培训组织与实施的主体，要确保必要的资金投入，并引导组织农业相关部门深入到广大农村地区对农户进行现代生产技能和经营决策能力的培训。

第三，完善粮食生产成本的控制机制。随着农业生产的发展，粮食生产的资本投入费用在不断地提高，同时，劳动力价格持续攀升。通过与农户的交流可以得知，种粮农户在粮食生产过程中最担心的是农业生产资料价格和劳动力价格上涨过快导致生产成本过高，抵消种粮农民增加的收入部分，这样就会打消农民投入粮食生产的积极性。因此，政府应对种粮大户和普通农户粮食生产成本上提出相应的控制机制和对策。要控制粮食生产成本，保证粮食生产的持续发展。本书认为，需要从以下四个方面努力：一是完善农资价格和粮食价格的联动机制。国家应建立灵敏的粮食价格与农业生产资料价格上涨挂钩的农资综合补贴动态调整机制。二是政府应该加强对农资价格监测和调控，密切关注农资市场的价格动态，及时了解农资的供给和需求情况；同时，对化肥等农资产品的价格进行必要的控制，遏制农资价格过快上涨。同时积极向普通农户和种粮大户推广科学使用农资技术。

第四，积极鼓励粮食主产区种粮大户的发展。培育种粮大户，提高粮食生产效率。研究证明，粮食生产规模对农户粮食生产的亩均投入有显著的正向影响，说明了粮食生产规模大的农户投入行为更加合理。因此应培养一批专业的种粮大户。与此同时，种粮大户的粮食生产行为会对周边农户起到示范作用，使周边农户也可以按照种粮大户的投入方式进行生产，从而促进周边农户生产行为的优化，提高其生产效率。如果专业的种粮大户分布在广大的农村地区，那么势必对提高全体农户的生产效率起到较好的示范作用。

三 黄淮海粮食主产区农户技术选择行为优化对策

根据关于农户技术选择行为的研究结论，提出相应的政策建议。

第一，以农户的技术需求为导向，研制和开发新农业技术，并改善现行的农技推广机制。首先，积极研发新型农业生产资料。农业科技工作者应不断研发出新品种、新型农药和化肥，以满足农户对新型农业生产资料的强烈需求。各级政府、农业院校、农业科研院所从人员、资金、设备等方面加大物质投入和智力投入，提高新型农业生产资料研发水平，加速新型农业生产资料的研发和推广，实现农业技术的供给与需求的良好对接。

第二，发挥现代信息技术的优势，适应农户技术需求的多样性和特殊性。依托各类农业数据资源中心和农业专家系统，针对农户技术需求的多样性和特殊性，构建新型的农业技术推广服务体系，充分发挥手机、网络等新兴媒介在技术传播中的作用，在粮食主产地市建立农户技术需求反馈机制，及时解决农户在生产过程中出现的技术难题。

第三，切实做好农业技术培训工作，鼓励一部分农村青年人做职业农民。村镇基层政府应当定期举办各类农业技术培训活动，提高农民的科技水平和操作技能，使科学技术及时转化成生产力。从长远发展来看，应当鼓励农业类院校的毕业生到农村进行创业，组建新型农业经营主体，如家庭农场、农民专业合作社等，运用其掌握的现代科学种植养殖技术和管理方法，实现规模化生产和产业化经营，并通过其示范作用，带动周围农民掌握先进适用技术，加速农业科技的推广。

参考文献

1. ［俄］恰亚诺夫：《农民经济组织》，萧正洪译，中央编译出版社 1996 年版。

2. Albert Park、任常青：《自给自足和风险状态下的农户生产决策模型——中国贫困地区的实证研究》，《农业技术经济》1995 年第 5 期。

3. ［美］彼得·戴蒙德、汉努·瓦蒂艾宁：《行为经济学》，中国人民大学出版社 2013 年版。

4. ［美］加里·S. 贝克尔：《家庭经济分析》，彭松建译，华夏出版社 1987 年版。

5. 毕继业、朱道林、王秀芬：《耕地保护中农户行为国内研究综述》，《中国土地科学》2010 年第 11 期。

6. 曹兰芳、王立群、曾玉林：《林改配套政策对农户林业生产行为影响的定量分析——以湖南省为例》，《资源科学》2015 年第 2 期。

7. 曹建华：《农村土地流转的供求意愿及其流转效率的评价研究》，《中国土地科学》2007 年第 5 期。

8. 诸培新、曲福田：《农户经济行为、土地投入类型及土地持续利用》，《中国农业资源与区划》1999 年第 5 期。

9. 储成兵、李平：《农户环境友好型农业生产行为研究——以使用环保农药为例》，《统计与信息论坛》2013 年第 3 期。

10. 陈春生：《中国农户的演化逻辑与分类》，《农业经济问题》2007 年第 11 期。

11. 陈琦、赵敏娟：《国内外农药对农产品安全的影响及农户安全生产行为评述》，《北方园艺》2012 年第 21 期。

12. 陈欣欣、史清华、蒋伟峰：《不同经营规模农地效益的比较及其演变趋势分析》，《农业经济问题》2000 年第 12 期。

13. 陈秀芝：《论中国农业技术应用的制度障碍及对策》，《中国农学通报》2005 年第 8 期。

14. 池泽新：《农户行为的影响因素、基本特点与制度启示》，《农业现代化研究》2003 年第 5 期。

15. 戴化勇：《农业产业链对农户安全生产行为的影响分析》，《湖北经济学院学报》2010 年第 4 期。

16. 邓大才：《社会化小农：动机与行为》，《华中师范大学学报》（人文社会科学版）2006 年第 3 期。

17. 方松海：《劳动负效用、要素收益与生存发展适应：农户生产经营行为分析》，经济科学出版社 2009 年版。

18. 费孝通：《乡土中国》，上海三联书店 1985 年版。

19. 傅晨、狄瑞珍：《贫困农户行为研究》，《中国农村观察》2000 年第 2 期。

20. 付静尘、韩烈保：《丹江口库区农户对面源污染的认知度及生产行为分析》，《中国人口·资源与环境》2010 年第 5 期。

21. 高启杰、朱希刚：《中国农业技术推广模式研究》，中国农业科技出版社 2000 年版。

22. 韩俊：《我国农户兼业化问题探析》，《经济研究》1988 年第 4 期。

23. 韩明谟：《农村社会学》，北京大学出版社 2001 年版。

24. 韩喜平：《关于中国农民经济理性的纷争》，《吉林大学社会科学学报》2001 年第 3 期。

25. 韩耀：《中国农户生产行为研究》，《经济纵横》1995 年第 5 期。

26. 何京蓉、李炯光、李庆：《农户转入土地行为及其影响因素分析——基于三峡库区 427 户农户的调查数据》，《经济问题》2011 年第 8 期。

27. 何军、叶依广：《农村住户经营行为的实证分析——以江苏为例》，《现代经济探讨》2000 年第 9 期。

28. 洪建国、杨钢桥：《生产要素市场发育与农户生产行为决策——基于江汉平原与太湖平原的农户调查》，《华中农业大学学报》（社会科学版）2012 年第 2 期。

29. 洪自同、郑金贵:《农业机械购置补贴政策对农户粮食生产行为的影响——基于福建的实证分析》,《农业技术经济》2012 年第 11 期。

30. 侯博、应瑞瑶:《分散农户低碳生产行为决策研究——基于 TPB 和 SEM 的实证分析》,《农业技术经济》2015 年第 2 期。

31. 侯麟科、仇焕广、白军飞等:《农户风险偏好对农业生产要素投入的影响——以农户玉米品种选择为例》,《农业技术经济》2014 年第 5 期。

32. 虎陈霞、傅伯杰、陈利顶等:《黄土丘陵区农户生产决策行为和对土地政策的认知分析》,《生态环境学报》2009 年第 2 期。

33. 胡豹、卫新、王美青:《影响农户农业结构调整决策行为的因素分析——基于浙江省农户的实证》,《中国农业大学学报》(社会科学版)2005 年第 2 期。

34. 胡瑞法:《农业技术诱导理论及其应用》,《农业技术经济》1995 年第 4 期。

35. 华红娟、常向阳:《供应链模式对农户食品质量安全生产行为的影响研究——基于江苏省葡萄主产区的调查》,《农业技术经济》2011 年第 9 期。

36. 黄宗智:《华北的小农经济与社会变迁》,中华书局 1986 年版。

37. 黄宗智:《长江三角洲小农家庭与乡村发展》,中华书局 1992 年版。

38. 贾驰:《农业国际化背景下的农户生产效率研究》,中国社会科学出版社 2013 年版。

39. 康兰媛、张钧、祝小平等:《粮食主产区农户稻作经营行为的调查与分析——基于江西省 26 县 1058 户农户调查数据》,《农林经济管理学报》2008 年第 3 期。

40. 柯炳生:《中国农户粮食储备及其对市场的影响》,《中国软科学》1997 年第 5 期。

41. 柯福艳、徐红玳、毛小报:《土地适度规模经营与农户经营行为特征研究——基于浙江蔬菜产业调查》,《农业现代化研究》2015 年第 3 期。

42. 孔祥智、方松海、庞晓鹏等:《西部地区农户禀赋对农业技术采纳的影响分析》，《经济研究》2004 年第 12 期。

43. 李伯华、刘沛林、窦银娣：《小农社会化：农户生产行为演变的一种解释——以湖北省红安县二程镇长岗村为例》，《山东农业大学学报》（社会科学版）2012 年第 4 期。

44. 李伯华、窦银娣、刘沛林：《欠发达地区农户生产行为空间特征的演变——以红安县二程镇为例》，《湖南农业大学学报》（社会科学版）2012 年第 5 期。

45. 李平、方伟、侯军岐：《我国贫困地区农户粮食生产投入决策影响因素分析》，《中国农业大学学报》（社会科学版）2006 年第 3 期。

46. 李奇峰、张海林、刘武仁等：《粮食主产区农户采用农业新技术及其影响因素的实证分析——以吉林省榆树县为例》，《中国农业科学》2008 年第 7 期。

47. 李强、张林秀：《农户模型方法在实证分析中的运用——以中国加入 WTO 后对农户的生产和消费行为影响分析为例》，《南京农业大学学报》（社会科学版）2007 年第 1 期。

48. 李小建：《欠发达农区经济发展中的农户行为——以豫西山地丘陵区为例》，《地理学报》2002 年第 4 期。

49. 李玉勤：《杂粮种植农户生产行为分析——以山西省谷子种植农户为例》，《农业技术经济》2010 年第 12 期。

50. 李岳云、蓝海涛、方晓军：《不同经营规模农户经营行为的研究》，《中国农村观察》1999 年第 4 期。

51. 李志强：《南县农户生产行为个案分析》，《中国软科学》1995 年第 7 期。

52. 廖薇：《气候变化与农户农业生产行为演变——以四川省什邡市农户秸秆利用行为为例》，《农业技术经济》2010 年第 4 期。

53. 林坚、李德洗：《非农就业与粮食生产：替代抑或互补——基于粮食主产区农户视角的分析》，《中国农村经济》2013 年第 9 期。

54. 林毅夫：《小农与经济理性》，《农村经济与社会》1988 年第 3 期。

55. 林毅夫：《制度、技术与中国农业发展》，上海三联书店 1992 年版。

56. 林政、唐梦：《农户生产动机行为的实证探析——基于广东样本农户对农业生产力的适应性调查》，《中国农村观察》2007 年第 3 期。

57. 刘长红、杨君、庹海波等：《"两型社会"建设时期农户生产行为目标偏好的调查研究》，《湖南农业科学》2011 年第 17 期。

58. 刘承芳、张林秀、樊胜根：《农户农业生产性投资影响因素研究——对江苏省六个县市的实证分析》，《中国农村观察》2002 年第 4 期。

59. 刘克春：《粮食生产补贴政策对农户粮食种植决策行为的影响与作用机理分析——以江西省为例》，《中国农村经济》2010 年第 2 期。

60. 刘荣茂、马林靖：《农户农业生产性投资行为的影响因素分析》，《农业经济问题》2006 年第 12 期。

61. 刘涛：《土地细碎化、土地流转对农户土地利用效率的影响》，《资源科学》2008 年第 10 期。

62. 刘艳萍、陈凯：《山西农户生产性投资行为的影响因素分析》，《山西农业大学学报》（社会科学版）2006 年第 6 期。

63. 鲁柏祥、蒋文华、史清华：《浙江农户农药施用效率的调查与分析》，《中国农村观察》2000 年第 5 期。

64. 卢迈、戴小京：《现阶段农户经济行为浅析》，《经济研究》1987 年第 7 期。

65. 卢宪英、崔卫杰：《影响农户玉米种植规模的因素分析》，《生产力研究》2009 年第 6 期。

66. 马小勇、金涛：《农户收入风险与生产行为：一个文献综述》，《贵州社会科学》2012 年第 3 期。

67. 马彦丽、施轶坤：《农户加入农民专业合作社的意愿、行为及其转化——基于 13 个合作社 340 个农户的实证研究》，《农业技术经济》2012 年第 6 期。

68. 宁满秀：《农业保险制度的环境经济效应——一个基于农户生产行为的分析框架》，《农业技术经济》2007 年第 3 期。

69. 彭建仿、杨爽：《共生视角下农户安全农产品生产行为选择——基于 407 个农户的实证分析》，《中国农村经济》2011 年第 12 期。

70. 钱贵霞、李宁辉：《粮食主产区农户最优生产经营规模分析》，

《统计研究》2004 年第 10 期。

71. 钱贵霞、李宁辉：《不同粮食生产经营规模农户效益分析》，《农业技术经济》2005 年第 4 期。

72. 乔旭华、张建杰：《粮食主产区农户粮作经营的行为取向与政策效应——基于河南省的调查实证》，《农业现代化研究》2008 年第 2 期。

73. 邱长溶、郝爱民：《农户生产经营行为对我国建设节约型农业的影响》，《云南民族大学学报》（哲学社会科学版）2006 年第 3 期。

74. 屈小博：《不同经营规模农户市场行为研究——基于陕西省果农的理论与实证》，博士学位论文，西北农林科技大学，2008 年。

75. 石晶、肖海峰：《养殖户畜牧养殖技术需求及其影响因素研究——基于绒毛用羊养殖户问卷调查数据的分析》，《农村经济》2014 年第 3 期。

76. 史清华：《农户经济增长与发展研究》，中国农业出版社 1999 年版。

77. 史清华、卓建伟：《农户粮作经营及家庭粮食安全行为研究——以江浙沪 3 省市 26 村固定跟踪观察农户为例》，《农业技术经济》2004 年第 5 期。

78. 史清华、卓建伟：《农户家庭粮食经营行为研究》，《农业经济问题》2005 年第 4 期。

79. 宋圭武：《农户行为研究若干问题述评》，《农业技术经济》2002 年第 4 期。

80. 宋金田：《新制度经济学视角农户生产经营行为实证研究——以柑橘种植农户为例》，博士学位论文，华中农业大学，2013 年。

81. 宋军、胡瑞法、黄季焜：《农民的农业技术选择行为分析》，《农业技术经济》1998 年第 6 期。

82. 宋洪远：《经济体制与农户行为——一个理论分析框架及其对中国农户问题的应用研究》，《经济研究》1994 年第 8 期。

83. 王芳、陈松、娄旭海等：《小农户实施农业标准化生产行为的计量经济学分析——以河南省农户调查数据为例》，《农产品质量与安全》2007 年第 12 期。

84. 王芳、陈松、樊红平等：《农户实施农业标准化生产行为的理论和实证分析——以河南为例》，《农业经济问题》2007 年第 12 期。

85. 王贵彦、吴玉红、梁卫理等：《转基因抗虫棉对农户生产行为的影响分析》，《中国农学通报》2005 年第 12 期。

86. 王华书、徐翔：《微观行为与农产品安全——对农户生产与居民消费的分析》，《南京农业大学学报》（社会科学版）2004 年第 1 期。

87. 王建军、陈培勇、陈风波：《不同土地规模农户经营行为及其经济效益的比较研究——以长江流域稻农调查数据为例》，《调研世界》2012 年第 5 期。

88. 王珺鑫、杨学成：《山东省粮食生产波动及主要投入要素效应的实证分析——基于 17 地市的面板数据》，《中国农业资源与区划》2015 年第 3 期。

89. 王文智、刘军、朱俊峰：《农户安全蔬菜生产行为影响因素实证分析》，《安徽农业大学学报》（社会科学版）2011 年第 6 期。

90. 王勇、骆世明：《现代农业发展中的农户行为研究》，《广东农业科学》2007 年第 12 期。

91. 卫新、胡豹、徐萍：《浙江省农户生产经营行为特征与差异分析》，《中国农村经济》2005 年第 10 期。

92. 卫新、王美青、周春华等：《新时期浙江省农户生产经营行为研究》，《科技通报》2010 年第 1 期。

93. 翁贞林：《粮食主产区农户稻作经营行为与政策扶持机制研究》，博士学位论文，华中农业大学，2009 年。

94. 吴冲：《农户新技术选择行为的影响因素分析及对策建议》，《上海农村经济》2007 年第 4 期。

95. 伍晶：《农户生产行为浅析》，《南方农村》1997 年第 4 期。

96. 吴敬学、杨巍、张扬：《中国农户的技术需求行为分析与政策建议》，《农业现代化研究》2008 年第 4 期。

97. 西爱琴：《农户农业生产经营决策行为研究》，博士学位论文，中国农业科学院，2014 年。

98. 谢蓉、吴永兴、顾霖霞：《不同类型农户生产经营行为的对比研究——基于上海市郊 1000 个农户的调查案例分析》，《农村经济》2009 年第 6 期。

99. 谢玉佳、傅新红：《农户蔬菜生产行为分析——四川省彭州市西北村蔬菜生产农户的调查与分析》，《农村经济》2005 年第 3 期。

100. 徐勇、邓大才：《社会化小农：解释当今农户的一种视角》，《学术月刊》2006 年第 7 期。

101. 杨学成、赵瑞莹、岳书铭：《农村土地关系思考——基于 1995—2008 年三次山东农户调查》，《管理世界》2008 年第 7 期。

102. 姚增福、李全新：《粮食主产区农户农业生产性资金资源配置行为研究——基于删截回归模型和 460 户种粮大户调查数据》，《财经论丛》2013 年第 2 期。

103. 于乐荣、李小云、汪力斌：《禽流感发生后家禽养殖农户的生产行为变化分析》，《农业经济问题》2009 年第 7 期。

104. 占辉斌：《农户地理标志产品生产行为研究——以江西、安徽为例》，《农业技术经济》2013 年第 3 期。

105. 张改清：《粮食主产区农户农资投入行为及政策评价——基于对河南省农户的实证研究》，《农业经济问题》2009 年第 6 期。

106. 张继承：《粮食补贴效应与粮农生产行为选择研究——基于河南省 747 个定点农户的调查》，《价格理论与实践》2011 年第 6 期。

107. 张建杰：《惠农政策背景下粮食主产区农户粮作经营行为研究——基于河南省调查数据的分析》，《农业经济问题》2007 年第 10 期。

108. 张建杰：《粮食主产区农户粮作经营行为及其政策效应——基于河南省农户的调查》，《中国农村经济》2008 年第 6 期。

109. 张建杰、关付新、张改清：《中部粮食主产区不同类型农户营粮行为及效率研究》，《农林高校哲学社会科学发展论坛文集》，2011 年。

110. 张利国：《农户从事环境友好型农业生产行为研究——基于江西省 278 份农户问卷调查的实证分析》，《农业技术经济》2011 年第 6 期。

111. 张林秀、徐晓明：《农户生产在不同政策环境下行为研究——农户系统模型的应用》，《农业技术经济》1996 年第 4 期。

112. 张玫、霍增辉、丁士军：《干旱风险：南方农户生产行为、消费行为分析》，《农村经济》2005 年第 7 期。

113. 张启明：《农户行为分析与农业宏观调控政策》，《中国农村经济》1997 年第 6 期。

114. 张忠根、史清华：《农地生产率变化及不同规模农户农地生产率比较研究》，《中国农村经济》2001 年第 1 期。

115. 张忠明、钱文荣：《不同土地规模下的农户生产行为分析》，《四川大学学报》（哲学社会科学版）2008 年第 1 期。

116. 赵银龙、田东林：《基于农产品质量安全与产业化组织的农户生产行为研究——以江苏省为例》，《中国农业信息》2013 年第 7 期。

117. 郑风田：《制度变迁与中国农民经济行为》，中国农业出版社 2000 年版。

118. 郑丽、霍学喜：《粮食主产区农户粮食生产投入决策行为分析》，《西北农林科技大学学报》（社会科学版）2007 年第 6 期。

119. 钟真、孔祥智：《市场信号、农户类型与农业生产经营行为的逻辑——来自鲁、晋、宁千余农户调查的证据》，《中国人民大学学报》2013 年第 5 期。

120. 周曙东：《种稻大户订单售粮行为的影响因素分析》，《农业技术经济》2008 年第 5 期。

121. 周波：《种粮大户粮食生产效益的非价格影响因子分析》，《中国农业资源与区划》2008 年第 4 期。

122. 朱明芬，李南田：《农户采用农业新技术的行为差异及对策研究》，《农业技术经济》2001 年第 2 期。

123. 庄丽娟、贺梅英：《我国荔枝主产区农户技术服务需求意愿及影响因素分析》，《农业经济问题》2010 年第 11 期。

124. 宗国富、周文杰：《农业保险对农户生产行为影响研究》，《保险研究》2014 年第 4 期。

粮食主产区农户生产行为研究
调查问卷

省：_____

市：_____

县（区）：_____

乡（镇）：_____

村：_____

编号：_____

山东农业大学经济管理学院

一 农户家庭基本情况

1. 您的年龄_____岁

A. 22—30   B. 30—45   C. 45—55   D. 55—65

2. 您的文化程度是_____

①小学及以下

②初中

③高中

④中专

⑤大专

3. 您身体健康情况如何_____

①健康，能够从事所有农业生产劳动

②一般，能够承担大部分农业生产

③较差，家里的农业生产几乎由子女或爱人承担

④您这三年的家庭收入水平

年份	总收入	农林牧渔收入		非农业收入（包括打工收入）
		合计	其中来自粮食的收入	
2011				
2012				
2013				

5. 您家是否有农机具＿＿＿＿＿＿？（如果回答"有"，则请填写下表）

①是

②否

名称	1. 农用机动车	2. 耕地机械	3. 收割机械	4. 灌溉设备	5. 仓储设施	总价
件（台、部）数						
购置或建造价值（元）						

二　近年来您家耕地经营及粮食生产情况

1. 经营土地情况

地块编号	用途	面积（亩）	产权（在相应栏内画"√"）			承包期限（年）	每年每亩承包费用（元）
			按人头从村里分得	从他人处租入	荒地开垦		
1							
2							
3							
4							
5							
6							
7							

2. 您家是否把土地转给他人耕种？＿＿＿＿＿＿（如果回答"是"，请继续回答 3—5 题）

①是

②否

3. 您家土地流转是否经过所在村组同意

①未经村组同意，双方私下协商

②未经村组同意，有中介担保

③经村组同意

4. 您家的土地流转的范围

①本组

②本村外组

③本镇（乡）外村

④其他

5. 您家土地流转的年限是否有约定

①有，＿＿＿＿＿＿年，约定形式为＿＿＿＿＿＿（口头/书面合同）

②没有

6. 2013 年您家粮食生产情况

粮食种类	播种面积（亩）	单产（斤）	总产（斤）	自留（斤）	出售		
					数量（斤）	单价（元）	总收入（元）
小麦							
玉米							

7. 您对农业补贴政策的评价是

①满意，对我们购买良种、机械等有促进作用

②不满意，理由是＿＿＿＿＿＿

8. 您今后三年对土地经营的打算是：_____【注：如果选择①②，两项，请回答第 9 题；如果选择③④⑤三项，请回答第 10 题】

①继续扩大经营耕地的规模，承包更多的土地

②维持现有耕地规模

③自家承包地小部分流转给他人

④自家承包地大部分流转给他人

⑤自家承包地全部流转给他人

9. 打算继续扩大经营农地规模或维持现有耕地规模的原因是：_____【注：可多选】

①保证家中口粮

②获得耕地容易

③农产品市场价格上涨，保证家庭收入稳定

④国家收购价格提高，各种种粮补贴数额增加

⑤作物轮作需要，保证土壤肥力

⑥当地灌溉等农业基础设施较完备，有利于提高单产

⑦身体比较健康，接受过较多农技培训，能够种好粮食

⑧其他_____

10. 将自家承包地大部分或全部流转给他人的原因是_____【注：可多选】

①自身年龄已大，没有能力耕种

②已有其他较稳定的工作，收入稳定较高，不想再种粮

③儿女在城市工作，打算迁入城市，并打算将来在城市养老

④打算到外地承包土地，从事较大规模生产养殖

⑤其他_____

三　劳动力配置行为

1. 您家共有_____口人，有_____个劳动力，其中，从事农业生产的_____人，在外打工的_____人。

劳动力编号	年龄	性别	学历	用于农业生产的时间（天）	用于外出务工的时间（天）
1					
2					
3					
4					
5					
6					
7					

2. 农忙时节，你家是否需要雇佣劳力＿＿＿＿＿＿＿（如果回答"是"，请回答下列问题）

①是

②否

3. 您家雇佣的人员大都来自＿＿＿＿＿＿

①家中亲戚

②同一个村或同一个生产组

③周边临近村镇

4. 雇佣他人会以＿＿＿＿＿＿支付酬金

①现金

②以工换工

你支付酬金时，一般一个男工一天支付＿＿＿＿＿＿元，一个女工一天支付＿＿＿＿＿＿元。

5. 您在决定是否雇佣劳动力时考虑的因素有＿＿＿＿＿＿【注：可多选】

①自己拥有的机械和人手是否能忙过来

②用工成本高低

③农忙时节雇人的难易程度

④技术性劳动的难易程度

⑤其他因素

6. 在哪些项目会雇佣他人＿＿＿＿＿＿【注：可多选】

①翻地

②播种

③灌溉

④施肥

⑤除草

⑥收割和运输

四 粮食生产投入行为

1. 粮食生产物质投入情况

粮食作物	1	2	3	4	5	6	7		8	9	10
	种子费	肥料费	农药费	灌溉费	大棚与地膜费	机械作业费	雇佣劳动力		土地租金	其他费用	总计
	元/亩	元/亩	元/亩	元/亩	元/亩	元/亩	工日（个）	折价（元/亩）	元/亩	元/亩	元/亩
小麦											
玉米											

2. 在粮食生产过程中，您家是否请农机专业户（户）或其他服务组织完成某些农事作业？（是就请填写下面表格，请根据环节填写）

①是

②否

小麦

作业项目 \ 明细	面积	单价	总费用
播种			
施肥			
灌溉			
病虫防治			
收割			

玉米

作业项目 ＼ 明细	面积	单价	总费用
播种			
施肥			
灌溉			
病虫防治			
收割			

3. 在农业生产过程中，是否有借款行为？（如果回答"是"，请回答下列问题）

①是

②否

如果有，本年度借款共_____元

4. 您家缺少的生产资金主要从以下几种渠道借得_____

①向亲朋好友借

②向民间高利贷借

③向金融机构借

④其他的筹款方式

5. 您向他人借款，每100元每年需支付利息_____元，你觉得借款的成本_____

①高

②一般，能接受

③低

五　技术选择行为

1. 您对新技术采用的态度是：_____

①有新技术，马上采用

②看看效果，稍后采用

③其他人都采用了，我再采用

2. 您采用新技术的主要目的是：_____【注：此题和以下问题均可多选，选出前三位选项即可】

①提高产量

②减少劳动力

③为长期从事种植业做准备

④提高农产品品质

⑤响应地方政府的号召

⑥其他

3．您获得农业技术知识的主要渠道为：＿＿＿＿＿＿

①自己摸索，凭经验

②跟着其他农户干

③合作的农业龙头企业、协会

④媒体宣传

⑤各级政府农技推广站的农技人员

⑥其他渠道

4．您采用新技术多使用在哪种作物上：＿＿＿＿＿＿

①经济作物

②粮食作物

③其他领域的作物

5．影响您采用新技术的制约因素为：＿＿＿＿＿＿

①家庭经济基础

②技术投入成本

③技术投入风险

④对技术了解、掌握程度

⑤其他因素

6．您需要的技术类型是：＿＿＿＿＿＿

①耕作技术

②新品种采用、新型肥料施用

③先进机械技术

④田间管理技术

⑤灌溉技术

⑥收割、储运技术

7．您是通过＿＿＿＿＿＿途径购买生产材料：种子、化肥、农药

①种子公司、化肥公司

②村委会推荐

③乡镇集市

④专业合作社等协会

⑤大学或科研单位

⑥其他途径

8．您认为种植新品种采用新技术之后，最大的担忧和风险来自：

_____

①不懂新品种的种植技术

②市场价格难以预测

③新品种的产量难以保证

④销售渠道不畅

⑤自然环境不适应

后　记

　　本书是在我的博士学位论文基础上修改完善而成的。攻读博士学位期间，我不仅收获了知识，提高了科研能力，同时收获了很多情感与陪伴。值本书出版之际，我要特别感谢各位老师、同学、朋友和家人的一路相伴。

　　特别感谢我的博士生导师杨学成教授。与杨老师的这段师生情谊是我人生中最宝贵的财富。我很小的时候就认识杨老师，知道他学术成就卓著，治学扎实严谨。从当初杨老师在我入门时对我的教导到最终本书的完成，无不凝结着杨老师的心血与关心。杨老师渊博的知识、严谨的治学态度、深厚的学术功底、平易近人的生活作风，使我真正体会到了"学为人师，行为世范"的内涵。三年的博士生涯，杨老师为我指明了研究方向，在本书写作的各个阶段都悉心指导我、鼓励我，为我的科研能力提升保驾护航。回想三年来与杨老师交往的点点滴滴，感激之情溢于言表，唯有今后继续努力学习工作，不断提高自己，才能不辜负杨老师对我的殷切期望。

　　由衷感谢山东农业大学经管学院的胡继连教授、史建民教授、孙世民教授、葛颜祥教授、薛兴利教授、陈盛伟教授、岳书铭教授、赵瑞莹教授、董雪艳教授。我在农大长大，很多老师都是我成长成熟的见证者，各位老师不仅传授给了我专业知识和研究方法，还在我迷茫的时候及时地引导我思考和解决问题。胡继连教授、史建民教授对我本书研究方向的指导和肯定、孙世民教授和葛颜祥教授对我研究方法的提高、赵瑞莹教授对我研究地区的选择指导，都是本书能够顺利完成的有力保障。还要特别感谢他们在本书撰写过程中给我提出的许多宝贵建议和启发引导，使我受益匪浅。感谢尚健老师为我三年博士学习生活提供的便利条件与帮助。

非常荣幸能与韩若冰、张园园、李强、于建华、李彦、衣莉芹、叶佩娣等成为博士期间的同学，三年来大家结下了深厚的友谊，在互相关心、互相帮助中取得了共同的进步。与张园园、韩若冰一起在经管学院机房度过的 600 多个宝贵日子，是我人生中的一段宝贵回忆。感谢孙战文、张振勇两位大师兄在本书写作中给予的帮助和鼓励。

衷心感谢山东女子学院经济管理学院张可成教授、张务伟教授、刘中文教授、王雷副教授等各位领导在工作上给予我的指导与帮助，他们的勤勉敬业和求真务实精神激励着我在工作中不断取得进步。

最后，要特别感谢我的家人。由衷地感谢我的丈夫王磊先生，他和我同时攻读博士学位，尽管相距千里，但我们对学术的热情、对爱情的坚守使我减少了很多焦虑，可以安心地完成学业，正是他给予的支持、帮助和理解，我才有不竭的动力。每当我在学习和生活中遇到困境时，他总是那么开朗包容、耐心陪伴，与我共同商讨解决之道。正是他的鼎力支持与悉心关怀，我才有坚强的毅力战胜一个个困难，在学术之路上坚定地走下去。他和我学习的专业相近，所以我们还能够时常在学术上进行较为深入的探讨与交流，相互督促，共同进步。深深感谢我的父母在我人生成长过程中给予的鼓励和关爱。父亲母亲作为高校教师，他们不仅给予我生活上无微不至的关怀，而且还常常在学习上给予我指导与精神鼓励。

农业经济管理是经世济民、治国之道的实用科学，与最广大的农民群体密切关联，在以后的工作中我会加倍努力，结合自己的教学、科研方向，学以致用，回报所有人多年来的支持与付出！

王珺鑫

2017 年 4 月 20 日于济南